学校
教材

新能源汽车
动力电池技术与应用

雷洪钧　刘志宏　主编

程 鑫　副主编

Power Batteries
Technology and Application
for New Energy Vehicles

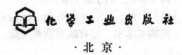

化学工业出版社

·北京·

内容简介

《新能源汽车动力电池技术与应用》一书全面深入地介绍了动力电池的核心原理与前沿应用。

本书先从基础理论介绍动力电池的基本原理和关键组件，接着深入探讨锂离子电池、镍氢电池、铅酸电池等各类电池，细致对比其优缺点。还聚焦生产过程和技术细节，涵盖原材料选择、制造工艺优化及成品质量控制，并关注性能评估和测试方法。此外，还对未来技术发展趋势进行预测，包括新材料应用、新技术研发和产业链整合。同时强调环保和可持续性，在电池回收和充电技术方面提出创新方案。

本书不仅适合新能源汽车领域的研究人员和工程师阅读，也适合广大对新能源汽车技术感兴趣的读者参考，无论初学者还是资深专家均能从中获益。

图书在版编目（CIP）数据

新能源汽车动力电池技术与应用 / 雷洪钧，刘志宏主编；程鑫副主编. -- 北京 : 化学工业出版社，2025.4. --（高等学校教材）. -- ISBN 978-7-122-47269-4

Ⅰ. U469.720.3

中国国家版本馆CIP数据核字第2025XL0636号

责任编辑：卢萌萌
责任校对：王　静
装帧设计：史利平

出版发行：化学工业出版社
　　　　　（北京市东城区青年湖南街 13 号　邮政编码 100011）
印　　装：北京印刷集团有限责任公司
710mm×1000mm　1/16　印张 10　字数 176 千字
2025 年 7 月北京第 1 版第 1 次印刷

购书咨询：010-64518888　　　　售后服务：010-64518899
网　　址：http://www.cip.com.cn
凡购买本书，如有缺损质量问题，本社销售中心负责调换。

定　　价：49.00元　　　　　　　版权所有　违者必究

序

在 21 世纪的今天，我们正站在一个新时代的门槛上——新能源汽车时代。这个时代不仅仅是关于速度、效率和便捷，更是关于我们对地球未来的责任和承诺。在这个伟大的变革中，动力电池作为新能源汽车的"心脏"，其关键技术的突破和发展无疑起着至关重要的作用。

《新能源汽车动力电池技术与应用》一书，正是为了满足这个时代的需求而诞生的。在这本书中，作者深入探讨了动力电池技术的各个方面，从基础材料到控制系统，从理论原理到实践应用，力求为读者展现一个全面而立体的动力电池世界。

动力电池技术的发展，是新能源汽车革命的核心驱动力。它的每一次进步，都直接关系到新能源汽车的续航里程、安全性、成本和环境友好性。因此，掌握动力电池的关键技术，对于新能源汽车行业的发展至关重要。本书将带领读者走进动力电池的微观世界，揭示其内部的奥秘，让读者了解如何通过科学的方法和先进的技术，不断提升动力电池的性能，降低成本，实现可持续发展。

本书内容丰富，既有对现有技术的详细解读，也有对未来趋势的大胆预测。本书汇集了业内顶尖专家学者的科研与实践成果，他们用自己的专业知识和丰富经验，为读者提供了一场知识的盛宴。同时，作者也注重理论与实践的结合，通过实例分析和案例研究，让读者能够更好地理解和应用所学知识。

在编写本书的过程中，作者始终坚持以科学的态度、严谨的逻辑和生动的语言进行阐述，力求为读者提供一本既专业又易懂的技术指导书。我们相信，无论是从事新能源汽车行业的专业人士，还是对这个领域充满好奇心的普通读者，都能从这本书中找到自己的兴趣点，获得启发和收获。

前言

在全球积极应对气候变化、能源危机日益严峻的大背景下，新能源领域蓬勃发展，已成为推动经济可持续增长和社会绿色转型的重要力量。我国高度重视新能源产业的发展，出台了一系列有力的政策支持措施，旨在加快新能源汽车等相关产业的创新升级，推动能源结构优化和环境保护。

在这一时代浪潮中，新能源汽车产业凭借其显著的节能减排优势，成为汽车行业变革的先锋。而作为新能源汽车的核心组件，动力电池技术的突破与创新直接决定着整个产业的未来走向。

《新能源汽车动力电池技术与应用》一书应运而生。本书内容丰富全面，涵盖了动力电池的基本原理、关键材料、制造工艺、性能评估以及安全管理等核心领域。不仅深入剖析了现有技术的优化路径，还对新兴技术如固态电池、锂硫电池等的前沿研发进展进行了翔实探讨。同时，密切关注环境影响和可持续发展，针对电池回收和资源再利用等关键问题展开了专题论述。

本书旨在系统梳理和总结当前动力电池领域的前沿技术和发展动态，为读者提供一个全面且深入的视角，助力行业从业者和广大读者把握新能源汽车动力电池技术的发展脉搏。

在编写过程中，我们力求内容的严谨性和实用性，广泛结合最新的科研成果和市场动态，为读者提供最新、最全面、最具价值的信息。我们还特别关注了电池回收和再利用的实际案例，这些案例不仅展示了技术的进步，也反映了产业的可持续发展路径。

本书由编写团队成员共同努力完成，在此向郑云、柴敬超、曾凡琼、高淑豫、万小娟、陈纯、冯晓燕、李云兰以及所有为本书付出辛勤努力的人员表示衷心的感谢。

限于编者水平及编写时间，书中存在不足和疏漏之处在所难免，敬请读者提出宝贵的修改建议，以便我们在后续的工作中不断完善和提高。

希望本书能够激发更多人对新能源汽车动力电池技术的兴趣和热情，共同推动这一领域的发展，为实现绿色出行和可持续发展贡献力量。

目录

第**1**章
绪论

 导语

　　本章将深入探讨新能源汽车动力电池技术的发展现状、面临的机遇与挑战，并展望其未来的发展趋势。我们将首先回顾新能源汽车的定义、分类以及当前的发展实况，为后续的讨论奠定基础。随后，我们将分析新能源汽车市场的需求及政策环境，探讨动力电池系统在新能源汽车中的重要地位。在此基础上，我们将重点讨论动力电池技术的关键挑战，包括能量密度、充电速度、安全性等方面的问题。同时，我们也将关注新兴技术如固态电池、锂硫电池等的发展动态，以及它们可能带来的技术变革。最后，我们将提出应对这些挑战的可能策略，并展望动力电池技术的未来发展方向。通过本章的讨论，我们期望为新能源汽车动力电池技术的发展提供有价值的参考，并激发更多的创新思维和研究热情。

1.1 新能源汽车发展状况

　　新能源汽车，作为绿色出行的代表，正逐渐成为全球汽车产业转型的焦点。随着环保意识的提升和能源结构的调整，新能源汽车凭借其显著的环境优势和巨大的市场潜力，正引领着交通行业向更加可持续的方向发展。

　　新能源汽车主要分为纯电动汽车、插电式混合动力汽车和燃料电池汽车等类型，它们各自拥有独特的技术特点和应用场景。随着电池技术的不断进步，新能源汽车的续航里程已得到显著提升，充电设施也在不断完善，使得新能源汽车在日常使用中越来越便捷。

新能源汽车的发展得益于全球范围内的政策支持和市场需求的增长。许多国家出台了一系列鼓励新能源汽车发展的政策，包括购车补贴、税收优惠等，以促进新能源汽车的普及和市场拓展。同时，消费者对新能源汽车的接受度也在逐步提高，市场需求呈现出稳步增长的趋势。

动力电池系统作为新能源汽车的核心组成部分，对于新能源汽车的性能、安全性和续航里程起着至关重要的作用。随着技术的不断进步，动力电池系统的能量密度和功率密度得到了提升，新能源汽车的性能也得到了显著提升。

然而，新能源汽车的发展也面临着一些挑战，如电池成本高、充电设施分布不均以及电池回收难等问题。为了解决这些问题，需要持续加大技术研发力度，推动相关产业链的完善，以及加强国际交流与合作。

综上所述，新能源汽车的发展前景广阔，但需要政府、企业和社会各界的共同努力，以克服当前的挑战，推动新能源汽车产业的可持续发展，为实现绿色、低碳的交通目标做出贡献。

1.1.1　新能源汽车定义与分类

在全球气候变化和环境保护成为紧迫议题的今天，新能源汽车已成为汽车产业转型的焦点。它们利用创新的动力系统，以电力、氢能等清洁能源为动力来源，旨在减少对化石燃料的依赖，减少汽车尾气排放，从而保护环境。新能源汽车包括纯电动汽车、插电式混合动力汽车和燃料电池汽车等多种类型，每种都有其独特的优势和适用场景。

纯电动汽车（BEV）完全依靠电池储存的电能驱动，具有零尾气排放、低噪声和高效率的特点。随着电池技术的进步和充电基础设施的完善，纯电动汽车的续航能力和充电便利性不断提升，使其逐渐成为城市通勤和短途旅行的理想选择。

插电式混合动力汽车（PHEV）结合了传统燃油发动机和电动马达的优点，既可以像传统汽车一样加油，又可以通过外部充电补充电能。这种设计使得插电式混合动力汽车在续航里程和灵活性方面具有优势，特别适合那些需要长途驾驶但同时希望减少环境影响的消费者。

燃料电池汽车（FCEV）使用氢气和氧气在燃料电池中发生化学反应产生电能，其唯一的排放物是水。燃料电池汽车具有燃料快速加注和长续航的特点，但目前仍面临氢气储存和加注设施的挑战。随着这些技术的成熟，燃料电池汽车有望在未来的长途运输和公共交通领域发挥重要作用。

新能源汽车的推广对于实现全球可持续发展目标至关重要。它们有助于减少温室气体排放，减缓气候变化的影响，同时促进技术创新，推动汽车产业的绿色升级。此外，新能源汽车产业链的发展将带动就业增长和经济繁荣。

尽管新能源汽车行业前景光明，但仍面临一些挑战，包括电池技术的突破、成本控制、充电基础设施的建设以及消费者接受度的提高。为了克服这些障碍，政府、科研机构和企业需要共同努力，提供政策支持，加大研发投入，优化产业链布局。

新能源汽车代表着汽车产业的未来趋势，它们不仅能够满足人们的出行需求，而且对保护地球环境、实现可持续发展具有深远的影响。随着技术的不断进步和市场的逐步成熟，新能源汽车将引领我们进入一个更加清洁、更加高效的出行新时代。

1.1.2　新能源汽车发展现状与趋势

近年来，随着全球气候变化问题的日益严峻，各国政府和企业纷纷加大对新能源汽车的投入与研发，使得新能源汽车市场迎来了前所未有的发展机遇。从电池技术的显著突破到充电设施的逐步完善，再到消费者对环保出行的日益认可，这些因素共同推动了新能源汽车市场的快速增长。

电池技术作为新能源汽车的核心组成部分，一直是研发的重点。近年来，随着锂离子电池技术的不断成熟和成本的不断降低，新能源汽车的续航里程得到了显著提升。同时，固态电池等新型电池技术的研发也在加速推进，预计将在未来几年内实现商业化应用，进一步提高新能源汽车的续航能力。

充电设施的建设也是新能源汽车市场发展的重要保障。目前，许多国家都在积极推进充电设施的建设，以满足日益增长的新能源汽车充电需求。例如，中国政府已经制定了明确的充电设施建设规划，计划在未来几年内建设数十万个公共充电站，以形成覆盖全国的充电网络。此外，无线充电、快充等技术的发展也将进一步提高充电便利性，缓解消费者的"里程焦虑"。

除了技术进步和充电设施建设外，消费者对环保出行的日益重视也是推动新能源汽车市场发展的重要因素。随着全球气候变化问题的日益突出，越来越多的人开始关注环保出行方式。新能源汽车作为一种清洁、低碳的出行方式，受到了越来越多消费者的青睐。同时，政府对新能源汽车的政策扶持也进一步激发了消费者的购买意愿。

展望未来，新能源汽车市场将继续保持强劲的增长势头。随着电池技术的不断进步和充电设施的逐步完善，新能源汽车的续航里程和充电便利性将得到进一步提升。此外，随着智能化技术的不断发展，新能源汽车将具备更多的智能化功能，如自动驾驶、车联网等，为消费者提供更加便捷、舒适的出行体验。同时，随着全球范围内对环保出行的日益重视，新能源汽车市场的规模将进一步扩大，成为汽车产业的主导力量。

总之，新能源汽车市场的快速增长得益于技术的进步、充电设施的完善以及消费者对环保出行的日益重视。展望未来，新能源汽车将在技术创新、市场规模和智能化方面迎来更大的发展机遇，为构建可持续的交通体系和应对全球气候变化做出更大的贡献。

1.1.3 新能源汽车市场需求与政策环境

新能源汽车市场需求呈现出持续增长的趋势，这一现象受到全球气候变化及环境治理紧迫性的影响。各国政府为了应对这一挑战，纷纷采取了一系列政策措施来鼓励新能源汽车的推广和应用。例如，一些国家实施了购车补贴、税收优惠和免费停车等激励政策，这些措施旨在降低消费者购买新能源汽车的经济负担。同时，政府还加大了对基础设施建设的投入，扩大充电网络的覆盖范围，并提高其便利性，从而为新能源汽车用户提供更加便捷的服务体验。

在中国，新能源汽车产业被视为国家战略性新兴产业，政府对此给予了重点关注和支持。通过实施新能源汽车购置补贴、免征车辆购置税以及推动公共领域电动化等一系列政策措施，有效地激发了市场活力，推动了新能源汽车销量的快速增长。

此外，中国还积极参与国际新能源汽车领域的交流与合作，与其他国家共同探讨技术创新、市场拓展以及政策制定等方面的问题，共同推动全球新能源汽车产业的发展与繁荣。

新能源汽车作为一种清洁、高效的交通工具，具有巨大的发展潜力。随着技术的不断进步和政策的持续支持，新能源汽车有望在未来交通领域扮演更加重要的角色，为实现可持续发展与绿色出行目标贡献更大的力量。然而，我们也必须清醒地认识到，新能源汽车产业仍然面临着一些困难和挑战，如技术瓶颈、市场接受度不高等问题。因此，我们需要继续加大技术研发和市场推广力度，不断完善相关政策法规，以推动新能源汽车产业的健康、可持续发展。

1.2 动力电池技术概述

1.2.1 动力电池在汽车行业的应用现状

随着全球对环境保护和可持续发展的日益关注，新能源汽车正逐渐崭露头角，成为汽车行业的一颗耀眼明星。作为新能源汽车的核心组成部分，动力电池的重要性不言而喻。其性能和品质直接决定了新能源汽车的整体性能和市场竞争力。

目前，动力电池已广泛应用于各类新能源汽车中，包括纯电动汽车和插电式混合动力汽车等。这些新能源汽车的崛起不仅推动了汽车行业的深刻变革，也为动力电池技术的发展带来了前所未有的机遇。

（1）从技术层面来看

动力电池领域不断取得创新突破，取得了显著的成就。随着科学技术的飞速发展，动力电池的能量密度得到了显著提升，这意味着同等体积的电池可以储存更多的能量，从而有效延长了新能源汽车的续航里程。同时，充电速度的加快也为用户带来了更加便捷的充电体验。此外，电池的使用寿命也在不断延长，进一步增强了用户的信心。

（2）从市场需求的角度来看

动力电池的市场前景十分广阔。随着新能源汽车市场的持续扩大，动力电池的需求量也呈现出爆炸式增长。权威机构预测，未来几年动力电池市场的年复合增长率将保持在较高水平，这为动力电池行业的发展提供了巨大的市场潜力。

（3）从产业链的角度来看

动力电池的产业链日趋完善，为行业的持续发展奠定了坚实基础。从电池材料的研发、电池的制造工艺到电池的回收利用，整个产业链的各个环节都已经形成了较为成熟的体系。这不仅为动力电池的生产提供了稳定可靠的保障，也为行业的可持续发展提供了有力支持。

综上所述，随着全球对环境保护和可持续发展的重视以及新能源汽车市场的不断扩大，动力电池行业将迎来更加广阔的发展前景。技术的不断创新、市场的持续增长以及产业链的日益完善将共同推动动力电池行业的蓬勃发展。

1.2.2 新能源汽车动力电池的种类与发展情况

新能源汽车动力电池种类繁多，根据不同的分类标准，可分为多种类型。如表 1-1 所列的锂离子电池（图 1-1）、镍氢电池（图 1-2）与铅酸电池（图 1-3）是其中最为常见的几种。

表1-1 最常见锂离子电池、镍氢电池和铅酸电池对比

电池类型	优点	缺点
锂离子电池	能量密度高，质量轻	成本高，安全性较差
镍氢电池	成本低，安全性好	能量密度低，质量较重
铅酸电池	成本低，安全性好	能量密度低，质量较重，环境污染

图1-1 锂离子电池

图1-2 镍氢电池

图1-3 铅酸电池

锂离子电池凭借其高能量密度、长使用寿命及环保等优势，在新能源汽车市场中占据主导地位。随着技术的不断进步，锂离子电池的能量密度和充电速度都得到了显著提升，同时其使用寿命也在逐渐延长。此外，随着生产规模的扩大及技术的成熟，锂离子电池的成本也在持续降低，为新能源汽车的普及提供了有力支撑。

镍氢电池具有较高的能量密度和环保性，但其充电速度相对较慢，成本相对较高。而铅酸电池则因其成本低、技术成熟等优点在新能源汽车市场中占有一定份额。然而，铅酸电池的能量密度和环保性相对较低。

随着新能源汽车市场的不断扩大和技术的不断进步，新型电池如固态电池（图1-4）等也在不断发展与应用。这些新型电池具有更高的能量密度、更快的充电速度和更长的使用寿命，将为新能源汽车的发展注入新的动力。

图1-4 固态电池

动力电池作为新能源汽车的核心组件，其技术的持续创新和市场需求的持续增长为新能源汽车的发展提供了强大支撑。未来，随着新型电池技术的不断发展和应用，动力电池技术将迎来更加广阔的发展前景。这不仅有助于推动新能源汽车市场的快速发展，还能为全球汽车行业的可持续发展作出更大贡献。

总之，动力电池技术的不断创新和发展是新能源汽车产业发展的关键。未来，随着新型电池技术的不断涌现和应用，动力电池技术将不断突破，为推动全球汽车行业的绿色、低碳、可持续发展注入新的活力。同时，这也将为我们创造更加美好的生活环境，实现人与自然的和谐共生。

1.3 动力电池系统的重要性

动力电池系统作为新能源汽车的核心组成部分，其在整个汽车行业中的重要性不言而喻。它是新能源汽车的动力源泉，对于车辆的整体性能、安全性以及续航里程起着决定性的影响。

　　动力电池系统通过提供稳定持续的能源输出，确保了新能源汽车能够高效运行。相比传统燃油汽车，动力电池系统拥有更高的能量密度和更长的循环寿命，这使得新能源汽车在行驶过程中能够保持更稳定的速度和更长的续航里程。随着技术的不断进步，动力电池系统的能量密度和续航能力有望得到进一步提升，从而为新能源汽车的普及和发展提供强大的动力支持。

　　在新能源汽车的安全性方面，动力电池系统扮演着至关重要的角色。虽然，与燃油汽车相比新能源汽车的动力传递部件相对较少，但动力电池系统的安全性仍然需要高度重视。为了确保在各种极端条件下的稳定性和安全性，动力电池系统的设计和制造必须严格遵循相关的安全标准。此外，随着新能源汽车市场的不断扩大，对动力电池系统安全性能的要求也日益提高，这促使企业不断加大研发投入，提升产品的安全性能。

　　从环保角度来看，动力电池系统对于新能源汽车的环保优势具有重要意义。新能源汽车的推广应用有助于减少对环境的污染和破坏，而动力电池系统作为其核心组成部分，其制造和使用过程也应符合环保标准，以降低对环境的负面影响。一些先进的动力电池系统采用可再生材料和环保技术，进一步减轻了对环境的负担。随着电池回收技术的不断完善，动力电池系统的环保性能将得到进一步提升，为新能源汽车的可持续发展提供有力保障。

　　综上所述，动力电池系统在新能源汽车中的地位无可替代。它不仅为新能源汽车提供了稳定的动力支持，还直接关系到车辆的性能、安全性和续航能力。在未来的发展中，动力电池系统将继续展现出强大的优势，推动新能源汽车的广泛应用和快速发展。同时，政府、企业和消费者应共同努力，促进新能源汽车产业的健康发展，为实现绿色出行和可持续发展贡献力量。

1.4 新能源汽车动力电池技术：机遇与挑战并存

　　随着全球环保意识和可持续发展理念的日益增强，新能源汽车作为绿色出行方式的代表，正逐渐崭露头角，吸引着越来越多的目光。而在这一变革中，动力电池技术无疑扮演着至关重要的角色，它的发展不仅关乎新能源汽车的未来，更是时代潮流中的重要一环。

　　从市场机遇的角度来看，新能源汽车动力电池的前景可谓一片光明。随着新能源汽车市场的快速扩张，动力电池的需求呈现出爆炸式增长。国际能源署（IEA）预测，到 2030 年，全球电动汽车新车销量将达到惊人的 3130 万辆，几乎是 2020 年销量的 10 倍。这一巨大的市场潜力为动力电池技术的发展提供了广阔的空间。同时，各国政府为了推动新能源汽车的发展，纷纷出台了一系列优惠政策和补贴措施，进一步激发了动力电池市场的活力。

在技术进步与创新领域，新能源汽车动力电池技术正迎来前所未有的发展机遇。目前，动力电池领域正处于技术革新的快车道上，新型电池材料、电池结构以及电池管理系统不断涌现，为动力电池的性能提升提供了有力支撑。例如，固态电池、锂硫电池等新型电池的研发与应用，为新能源汽车的发展注入了新的动力。这些技术的进步不仅提升了动力电池的能量密度、安全性以及循环寿命等性能，还有望降低生产成本，进一步推动新能源汽车的普及。

然而，我们也必须清醒地看到，新能源汽车动力电池技术的发展并非坦途。首先，动力电池的成本仍然是制约新能源汽车普及的重要因素之一。尽管近年来随着技术的进步和规模化生产的发展，动力电池的成本已经有所下降，但与传统燃油汽车相比，仍存在一定的差距。因此，如何进一步降低动力电池的成本，提高新能源汽车的性价比，是动力电池技术需要解决的重要课题。

其次，动力电池的安全性和环保性问题也亟待解决。虽然目前动力电池技术在安全性和环保性方面已经取得了显著的进步，但在高温、低温、碰撞等极端条件下，仍可能存在一定的安全隐患。此外，随着新能源汽车的大规模应用，动力电池的回收和再利用问题也变得日益突出。如何构建有效的回收体系，实现动力电池的循环利用，减少对环境的污染，是动力电池技术面临的一大挑战。

综上所述，新能源汽车动力电池技术的发展既充满了机遇也面临着挑战。在把握市场机遇的同时，我们需要积极应对各种挑战，加强技术研发与创新，推动动力电池技术的持续进步与发展。同时，政府、企业和科研机构应加强合作，加大投入和支持力度，为动力电池技术的发展创造更加有利的条件和环境。只有这样，我们才能更好地满足新能源汽车市场的需求，推动新能源汽车的广泛应用与发展，为实现绿色出行和可持续发展贡献力量。

复习题

1. 动力电池系统的重要性体现在哪些方面？
2. 动力电池技术有哪些显著的进步？
3. 动力电池市场需求的增长表现在哪些方面？
4. 新能源汽车动力电池技术的发展有哪些机遇？
5. 动力电池产业链的完善体现在哪些方面？
6. 动力电池技术的挑战有哪些？

第2章

动力电池基础知识

导语

本章将介绍动力电池的工作原理、分类以及性能指标等，帮助读者建立起对动力电池的全面认识。

2.1 电池工作原理的深入探索

在当今社会，电池已成为我们日常生活中不可或缺的重要组成部分，无论是在手机、笔记本电脑还是电动汽车等设备中，电池都是确保这些设备能持续稳定运作的关键要素。但究竟电池是如何产生电能的呢？这背后隐藏着哪些深奥的科学原理？

首先，我们需要了解电池的基本构造（图2-1）。电池主要由正极、负极及电解液三大关键部分构成。正极和负极是电池中的电化学活性物质，它们之间通过电解液实现离子的交换。电解液在电池中扮演着至关重要的角色，允许离子在电极间自由且顺畅的移动，而阻止电子通过，这一点对电池的正常运作至关重要。

电池充放电工作原理如图2-2所示，在电池放电过程中，负极材料释放电子，这些电子通过外部电路流向正极，同时锂离子从电解液中向正极移动。这一过程不仅伴随着电能的产生，而且为外部设备提供了持续的动力支持。随着放电的持续，正负极之间的电势差逐渐减小，直至电池耗尽所有能量。充电过程则与放电过程相反。在外部电源供电下，电子和锂离子返回原始位置，电子从正极通过外

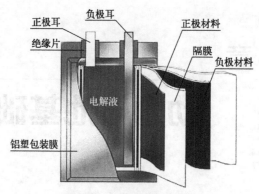

图2-1　电池的基本构造

电路返回负极，锂离子则从正极脱出并嵌入负极，通过这种方式电池恢复至初始充电状态，为下次放电做好准备。

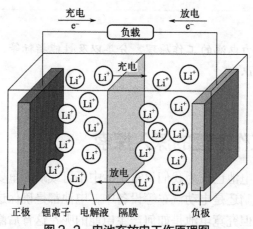

图2-2　电池充放电工作原理图

　　电池的工作原理虽然表面上看似简单，但背后涉及的电化学知识非常丰富且复杂。电池的性能和寿命受到多种因素的影响，如电极材料的种类、电解液的特性以及制造工艺等。正是这些因素决定了电池的能量密度、安全性和使用寿命。由于电池技术的核心在于电化学反应，即通过正负极之间的离子交换和电子流动来生成电能，因此不同类型的电池表现出不同的性能和应用潜力。

　　随着科技的持续进步，电池技术的研究也在不断深入，全球科研人员正致力于开发更高效、更安全并具有更长使用寿命的电池。这种持续的技术革新不仅提升了电池的性能，也使其在现代生活中的作用日益重要。电池不仅是当今社会不可或缺的能源存储装置，还因其能够为各种设备提供持续而稳定的动力而变得至关重要。接下来，我们将探讨几种主要的电池类型及其特性，包括铅酸电池、镍氢电池、锂离子电池等，每种电池都有其独特的应用场景和技术挑战。例如，铅酸电池因其成本效益高而被广泛使用，而锂离子电池则因其高能量密度和长寿命在移动设备和电动车中占据主导地位。通过了解这些电池的详细特性，我们可以更好地评估未来电池技术的发展方向，以及这些技术如何助力实现更加高效和环保的能源解决方案。

2.2 电池类型及特性

2.2.1 铅酸电池

铅酸电池作为最早进入商业应用领域的电池类型之一，自 19 世纪末以来一直在多种应用场景中发挥着关键作用。其构造简单而经典，正极由二氧化铅制成，负极为海绵状铅，电解液则采用硫酸溶液（如图 2-3 所示）。这种电池之所以能长期占据市场地位，主要得益于其多方面的优势。

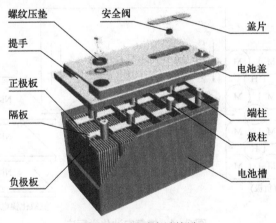

图 2-3　铅酸电池构造

首先，铅酸电池的成本较低，这主要归功于其材料广泛且价格低廉，加之其成熟的生产工艺，使得铅酸电池在大规模生产和应用中展现出显著的经济优势。此外，铅酸电池技术成熟，多年的研究和应用使其生产技术稳定，性能和质量得到广泛认可，无论是在生产还是在应用领域，都能提供稳定可靠的能源解决方案。

尽管铅酸电池具有良好的安全性，其设计和制造过程中的合理结构规划和材料选择有效降低了电解液泄漏的风险，使其在对安全性要求高的应用场景中得到了广泛应用。然而，铅酸电池也存在明显的缺陷。与新型电池相比，其能量密度较低，意味着需要更大体积或重量以获得相同的能量输出，限制了其在体积和重量敏感领域的应用。

总体而言，铅酸电池作为一种经典电池，在众多领域具有广泛应用。尽管存在能量密度低、自放电率高、循环寿命短等缺点，但其成本低、技术成熟和安全性高仍然确保了其在市场中占有一席之地。随着新型电池技术的发展，铅酸电池的市场份额可能会受到冲击，但考虑到其在特定领域的独特优势，铅酸电池仍将在未来一段时间内保持其市场地位。

2.2.2 镍氢电池

镍氢（NiMH）电池属于碱性电池，已广泛应用于混合动力汽车、电动工具以及消费电子产品等领域，凭借其高能量密度、长循环寿命和环保特性在市场中占据了重要地位。这种电池使用氢氧化镍作为正极材料，金属氢化物作为负极材料，并采用氢氧化钾溶液作为电解液（如图 2-4 所示）。其工作原理涉及充放电过程中氢离子在正负极之间的穿梭，实现能量的存储与释放。

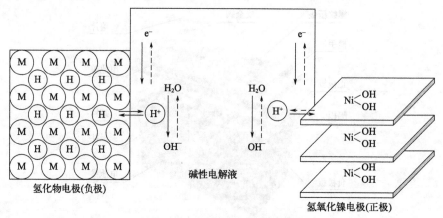

图 2-4　镍氢电池化学反应

镍氢电池的高能量密度使其能在较小体积内存储更多能量，这对混合动力汽车尤为关键，因为这些车辆需要在有限的空间内尽可能多地存储能量以确保足够的续航里程。此外，相较于其他电池类型，镍氢电池展现出更优异的循环稳定性，即使在频繁充放电的情况下也不易表现出性能衰减，这显著延长了其使用寿命。

环保方面，镍氢电池的内部材料在电池寿命结束后可通过特定工艺回收和再利用，减小了对环境的负担，使其在可持续发展的背景下展现出较大应用潜力。然而，镍氢电池也面临一些挑战，其中自放电率较高的问题尤为显著，这限制了其在需要长时间待机的应用场景中的使用。此外，由于生产过程中需使用稀有金属并采用复杂工艺，镍氢电池的生产成本相对较高。

综合来看，镍氢电池作为一种高性能的碱性电池，其在混合动力汽车等领域的应用前景广阔。虽然高自放电率和较高成本在一定程度上限制了其更广泛的应用，但随着制造技术的进步和成本控制的改善，预期这些问题将逐步得到解决。未来，镍氢电池有望在更多领域展现其独特优势。

2.2.3　锂离子电池

锂离子（Li-ion）电池作为当前最流行且备受推崇的动力电池类型之一，在众多应用领域展示了其独特的优势。这种电池类型采用了多样的正极材料，包括钴酸锂、三元材料以及磷酸铁锂等，同时主要使用石墨类材料作为负极。这样的材料选择使得锂离子电池能够适应各种不同的应用需求，从而实现了在全球范围内的广泛推广和应用。圆柱形锂离子电池结构示意图见图 2-5。

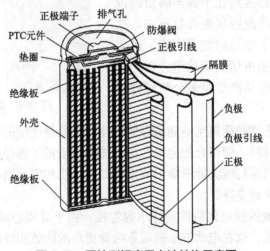

图 2-5　圆柱形锂离子电池结构示意图

PTC—正温度系数

锂离子电池的普及主要得益于其卓越的技术特性。首先，锂离子电池具有非常高的能量密度，意味着在相同体积下能够存储更多的能量。这一特点使其成为电动汽车和需要长时间续航的智能手机等设备的理想选择。此外，锂离子电池拥有较长的循环寿命，并在反复充放电过程中能够维持高性能的稳定性。它还具有无记忆效应，因此用户不需要担心电池由于未完全充电或过度放电而影响其性能。

尽管锂离子电池拥有许多优点，但其安全性问题一直是人们关注的焦点。在过热、短路等极端条件下，锂离子电池存在引发火灾或爆炸的风险。为了解决这一问题，研究人员在材料科学、电池结构设计以及安全管理系统等多个方面进行了深入研究。例如，开发了具有更高热稳定性和更低自放电率的新型电池材料来提高电池的安全性。同时，先进的电池管理系统能够实时监控电池状态，并在检测到异常时及时采取措施，有效预防事故的发生。

总体而言，锂离子电池以其高能量密度、长寿命及无记忆效应等优势在电动汽车和智能手机等关键领域获得了广泛应用。虽然存在安全隐患，但随着技术的不断进步和安全措施的持续优化，我们可以期待锂离子电池在未来会发挥更加重要的作用。

2.2.4 锂聚合物电池

锂聚合物（Li-Po）电池（图2-6）标志着锂离子电池技术领域的一次显著进步。与传统的液态电解质锂离子电池相比，锂聚合物电池的核心区别在于其电解质的设计，采用了固态或凝胶状聚合物形态。这一改进不仅提升了电池的能量密度，还实现了更轻的重量和更优的形状适应性，使得它在无人机和电动汽车等多个领域得到了广泛应用。

图2-6 锂聚合物电池

电池的能量密度是衡量电池能量存储与体积或质量比值的关键指标。通过优化电解质和电极材料，锂聚合物电池在相同体积或质量下能存储更多能量。这一特性对于需长时间运行或大能量输出的设备如无人机和电动汽车尤为重要，为它们提供了巨大的能量支持。

锂聚合物电池的轻量化特性同样不容忽视。由于其固态或凝胶状的电解质，电池重量大幅降低，这在电动汽车领域意味着更高的能效和性能提升，在无人机领域则意味着更长的飞行时间和更低的能量消耗。

此外，锂聚合物电池的形状适应性也是一个显著优势。得益于电解质的固态或凝胶状特性，这种电池可以被设计成多种形状和尺寸，满足不同设备的需求，增强了其在多种应用中的适用性。

然而，尽管锂聚合物电池具备众多优点，其生产成本仍然相对较高，这主要是其比传统液态电解质锂离子电池更复杂的生产工艺和更高的技术要求所导致。此外，尽管固态或凝胶状电解质在一定程度上提升了电池的安全性，但在高温或短路等极端条件下，仍可能面临热失控等安全风险。

综上所述，锂聚合物电池凭借其高能量密度、轻量化和出色的形状适应性，在无人机、电动汽车等领域获得了广泛应用。虽然面临高成本和安全性挑战，但随着科技的进步和生产成本的逐步降低，锂聚合物电池预计将在未来展现更广阔的应用前景。期待未来能有更多创新和技术突破，以进一步推动锂聚合物电池技术的发展和普及。

2.2.5　燃料电池

燃料电池是一种革命性的能源转换装置（图 2-7），它直接将化学能转化为电能，无需经历传统的机械转换过程。与普通电池的基本工作原理相似，燃料电池不存储电能，而是通过持续的化学反应，将燃料和氧化剂转换成电能。这种高效的能量转换方式赋予了燃料电池在多个领域的巨大应用潜力。

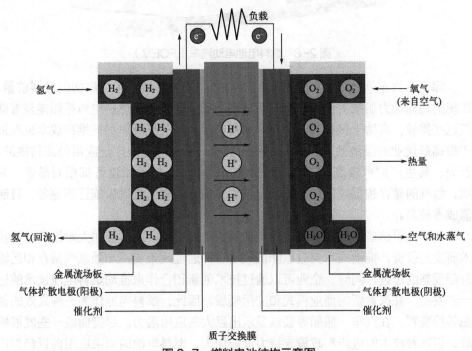

图 2-7　燃料电池结构示意图

在燃料电池的核心工作过程中，燃料（通常为氢气）和氧化剂（通常为氧气）在催化剂的作用下发生反应，直接将化学能转化为电能和热能，同时生成水作为副产品。这一过程没有涉及实际的燃烧，因此燃料电池特别高效，且环境影响小，噪声低。在汽车行业，燃料电池电动汽车（FCEV，图 2-8）正成为绿色出行的重要选择。相比传统内燃机汽车，FCEV 具有零排放、低噪声和高效能的显著优势。此外，燃料电池汽车拥有更长的续航里程和较短的加氢时间，使其在某些方面超越了电动汽车。随着技术的不断进步，预计未来 FCEV 会成为更多消费者的首选出行方式。

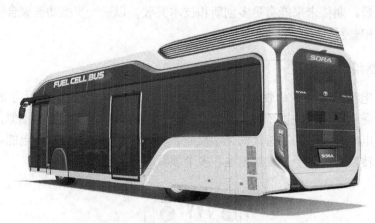

图 2-8　燃料电池电动汽车（FCEV）

　　除了在汽车领域的应用，燃料电池同样在船舶领域展示出广阔的发展前景。传统的燃油动力船舶对海洋环境的污染问题日益严重，而燃料电池船舶能显著降低这些排放，有助于保护海洋生态。燃料电池船舶的低噪声和低维护成本也有助于提高航运业的经济效益和环保水平。然而，燃料电池的广泛应用仍面临挑战。首先，其生产成本较高，主要是由于使用的材料、技术和设备都相对昂贵。其次，氢气的储存和供应问题尚未完全解决，现有的氢气基础设施还不完备，且制氢成本较高。

　　为了克服这些挑战，需要政府和企业的共同努力。政府应加大对燃料电池技术研发的投资，推动技术突破以降低成本，并通过政策支持加强氢气储存和运输基础设施的建设。同时，企业可以通过技术创新和合作来推动燃料电池技术的进一步发展，并探索新的商业模式和应用领域。因此，燃料电池作为一种高效的能源转换装置，在汽车、船舶等领域显示出巨大的应用潜力。尽管面临一些发展挑战，但随着技术的进步和政策支持力度的加大，燃料电池的未来应用前景仍然广阔，预期将为生活带来更多便利和环保效益。

2.2.6　超级电容器

　　超级电容器（图 2-9）凭借其独特性能，已在电动汽车、电子设备等多个领域获得广泛应用。这种电子元件以其卓越的高储能密度和高功率密度而备受关注，其工作原理主要依赖于电极表面的高效电荷存储。超级电容器使用高表面积的多孔碳、石墨烯或金属氧化物等活性材料，高表面积提供了更多的电荷存储空间，从而增加了电容器的总电容。

超级电容器最引人注目的特性之一是其快速充电能力。与传统电池相比，超级电容器可以在极短的时间内完成充电，这一点在许多应用中至关重要。例如，在医疗急救设备中，能够迅速充电的超级电容器可以在紧急情况下为患者赢得宝贵的时间。

此外，超级电容器还具有超长的循环寿命。由于其储能机制的特殊性，充放电过程中极少引起电极材料的结构损坏，因此其循环寿命远超传统电池。这一特点使超级电容器成为需要长期稳定运行的设备的理想选择，如工业自动化控制系统。

图 2-9 超级电容器结构

超级电容器还表现出对温度变化的高度适应性。它能在极端的高温或低温环境下稳定工作，这使得超级电容器在极端环境应用中尤为重要，如在极地探险设备中提供可靠的电源，确保探险活动的顺利进行。尽管超级电容器具有许多优点，但也存在一些局限性，其中最显著的是其相对较低的能量密度和较高的成本。在同等体积或重量下，超级电容器存储的能量较少，且生产成本较高。这在对能量密度和成本有严格要求的领域，如航空航天领域，超级电容器的应用受到了限制。

总体来说，超级电容器作为一种具有高储能密度和高功率密度的电子元件，在电动汽车和电子设备等领域显示了广阔的应用前景。尽管面临能量密度和成本的挑战，随着技术的持续进步和成本效益的提高，这些问题将逐渐得到解决。展望未来，随着科技的进步和应用领域的拓展，超级电容器有望在更多领域中发挥更加重要的作用。

2.2.7 其他新型动力电池

随着科技的飞速发展，动力电池领域正在经历前所未有的创新浪潮和变革。除传统的锂离子电池外，新型动力电池如固态电池和镁离子电池正在逐步展示其独特的优势和巨大的发展潜力，特别是在能量密度、安全性和成本效益等方面。

固态电池作为这一浪潮中的佼佼者，使用固态电解质替代了传统液态电解质，从根本上消除了漏液和起火等安全风险。这种电池的能量密度更高，意味着在相同体积下能够存储更多的能量。例如，某知名汽车制造商正在研发的固态电池已在续航里程上取得了显著进展，为电动汽车行业开辟了新的发展道路。尽管如此，固态电池的商业化仍面临一系列挑战，如高生产成本和尚未完全成熟的技术等。

此外，镁离子电池以其高能量密度和较低的成本获得关注，这种电池采用镁金属作为负极材料，相较于锂离子电池，不仅成本更低，而且镁元素的资源储量丰富。这使得镁离子电池在储能等领域具有极广阔的市场前景。然而，镁离子电池技术仍面临如电极材料中镁的体积变化和镁离子的传输速率等技术挑战。

尽管新型动力电池的商业化之路充满挑战，它们的出现无疑为整个动力电池行业注入了新的活力。随着科技的持续进步，我们有理由相信这些新型电池将在未来得到更广泛的应用，为电动汽车、储能系统等领域带来深远的变革。此外，为了加速这些技术的市场化，我们期待科研人员和企业家加大研发和创新力度，推动新型动力电池尽快实现商业化，从而为全球的可持续发展贡献力量。

2.3 动力电池性能指标

动力电池作为当代能源存储的核心组成部分，其性能指标是评判电池性能优劣的关键要素。这些指标不仅决定了电池在特定应用中的适配性，更直接关系到产品的性能、安全性以及用户的体验感受。接下来，我们将深入探析这些关键的性能指标。

随着电动汽车和各类电子设备的广泛运用，动力电池作为其核心组件，其性能的评估与选择显得至关重要。动力电池的性能牵涉诸多方面，包含能量密度、功率密度、循环寿命、自放电率以及安全性等。下面我们将逐一深入研讨这些指标，并剖析它们在选择动力电池时的重要程度。

首先，能量密度指的是电池单位质量或单位体积所能储存的能量。对于电动汽车而言，高能量密度的电池意味着更长的续航里程，这恰恰是消费者在选择电动汽车时极为看重的一点。随着电池技术的不断发展，如锂离子电池的能量密度已然从早期的 $100W \cdot h/kg$ 提升至如今的 $250W \cdot h/kg$ 以上，这为电动汽车的广泛普及提供了有力支撑。

体积能量密度（U_V）的计算公式可以表示为：

$$U_V = \frac{E}{V} \tag{2-1}$$

式中，E 表示存储的能量；V 表示体积。此公式为我们揭示了如何计算单位体积内的能量。其中，存储的能量可以呈现为多种形式，如热能、电能、化学能等。体积则指所考量的空间范围，可以是物体、容器或是任何具有三维空间的结构体。

其次，功率密度指的是电池单位质量或单位体积所能输出的功率。高功率密度的电池能够在短时间内迅速释放大量能量，这对于需要瞬间大功率输出的应用场景至关重要。举例来说，电动汽车在加速和爬坡时需要大量的能量，倘若电池功率密度不足，可能导致车辆性能下降。因此，功率密度也是选择电池时需要考量的重要因素之一。功率密度是一个描述单位体积或单位质量内能量转换速率的物理量，通常用于评估能源转换或存储设备的性能。其计算公式可以表示为：

$$P_V = \frac{P}{V} \tag{2-2}$$

$$P_m = \frac{P}{m} \tag{2-3}$$

式中，P_V 表示基于体积的功率密度；P_m 表示基于质量的功率密度；P 表示功率；m 表示质量。这里的功率（P）指的是单位时间内转换或消耗的能量，通常以瓦特（W）为单位。体积（V）表示设备所占的空间大小，通常以立方米（m^3）或立方厘米（cm^3）为单位。质量（m）则表示设备的重量，通常以千克（kg）或克（g）为单位。

在实际应用中，功率密度是一个极为重要的参数，因为它可以帮助我们了解设备在有限的空间或重量下能够提供的能量转换能力。例如，在电动汽车中，电池的功率密度决定了车辆的续航里程和充电速度；在太阳能电池板中，功率密度决定了光能的转换效率；在电子设备中，功率密度决定了设备的运行速度和散热性能等。

除了能量密度和功率密度，循环寿命同样是评估动力电池性能的重要指标。它用于表征电池在经历一定次数的充放电循环后，依然能够维持其原始性能的能力。对于需要长期使用的设备，如电动汽车和智能手机，长循环寿命的电池意味着更长的使用寿命和更低的更换成本。例如，一些高品质的锂离子电池能够经历数千次充放电循环而性能衰减甚微，这对延长设备使用寿命至关重要。

此外，自放电率也是动力电池的一个重要性能指标。它指的是电池在没有外部负载的情况下，自身内部发生的电量消耗。自放电率越低，电池的能量保持能力越强，这对于需要长时间待机或长时间存储的设备来说非常关键。例如，在智能手机中，低自放电率的电池意味着更长的待机时间，进而提升用户的使用体验。

然而，在这些性能指标当中，安全性无疑是动力电池最为关键的指标。电池在工作过程中可能遭遇高温、过充、过放、短路等各种异常状况，倘若电池的安全性能不足，就可能导致起火、爆炸等严重后果。因此，在选择电池时，安全性是必须考虑的首要因素。现代动力电池通常采用了多重安全防护措施，如热隔离、过充保护、过放保护等，以确保电池在各种极端条件下的安全性能。此外，一些新型电池如固态电池也在不断探索当中，以提升电池的安全性和性能。

综上所述，选择动力电池时必须全面斟酌能量密度、功率密度、循环寿命、自放电率及安全性等核心指标。唯有在这些方面均表现卓越的电池，方能满足现代电动汽车及电子设备的需求，为用户提供极佳的使用体验。随着科技的飞速进步，我们有充分的理由相信，未来的动力电池将会在性能与安全标准上实现更大的突破与进步，为我们的生活带来更多的便利性与可能性。在选择适用于特定场景的动力电池时，需综合考量上述指标，以确保所选方案的最优化。

 总结

本章详细介绍了动力电池的基础知识，涵盖了电池的工作原理、分类以及性能指标等关键方面。锂离子电池因其高能量密度、长循环寿命和无记忆效应等优势，在电动汽车和智能手机等多个领域得到了广泛的应用。例如，特斯拉的 Model 3 和苹果的智能手机均采用锂离子电池，以确保强劲的动力支持和持久的续航能力。然而，这些电池的安全性仍需被持续关注。

随着科技的不断发展，包括锂聚合物电池、燃料电池、超级电容器和镁离子电池在内的新型动力电池正在电动汽车和电子设备等领域展现出其独特的优势，如高能量密度、高功率密度、长循环寿命及低自放电率，极大地改善了现代社会的使用体验。例如，丰田的 Mirai 燃料电池汽车利用燃料电池技术实现了零排放，而高端电子设备中的超级电容器则支持快速充电和延长使用时间。尽管这些新型电池在成本和环境影响等方面面临一定的挑战，但它们在未来有望获得更广泛的应用，并为实现人类社会的可持续发展作出重要贡献。

复习题

1. 动力电池有哪些类别？
2. 锂离子电池有哪些优点？
3. 镁离子电池有哪些优点？
4. 锂聚合物电池的能量密度如何？
5. 锂聚合物电池的重量优势是什么？
6. 锂聚合物电池的形状适应性如何？

第 **3** 章

动力电池材料科学与电化学原理

 导语

　　动力电池是现代电动汽车、混合动力汽车以及其他可再生能源设备的核心组件，其性能和安全性是影响这些设备运行效率的关键因素。为了深入理解动力电池的性能表现，本章将详尽探讨其材料科学与电化学原理。这包括电池的正极材料、负极材料、电解液以及隔膜和添加剂等核心组成部分。通过分析这些关键材料的属性及其如何关联，我们可以更好地理解动力电池的工作机制以及如何通过材料创新来优化其性能和安全性。

3.1 正极材料

　　正极材料是动力电池的核心组成部分，其选择和性能直接影响电池的电压、能量密度、安全性、循环寿命以及成本等关键性能指标。因此，深入研究并发展新型正极材料对于推动动力电池技术的进步具有至关重要的意义。

　　目前，主流的正极材料包括磷酸铁锂（LFP）、三元材料 [如镍钴铝（NCA）、镍钴锰（NCM）] 以及锰酸锂等，它们的优缺点如表 3-1 所示。这些材料因其高能量密度和长循环寿命而在动力电池领域得到了广泛应用。例如，磷酸铁锂由于其卓越的安全性能被广泛用于比亚迪等品牌的电动客车中；三元材料则因其高能量密度被特斯拉等汽车制造商采用，大幅提升了电动汽车的续航能力。此外，小型电子设备如智能手表和无线耳机，通常选择使用锰酸锂作为正极材料，以满足对体积小和长续航的需求。

表 3-1 磷酸铁锂、三元材料和锰酸锂对比

项目	材料类型		
	磷酸铁锂	三元材料	锰酸锂
优点	安全性高，循环寿命长	能量密度高，低温性能好	价格低，安全性好
缺点	能量密度低，低温性能差	安全性差，循环寿命短	能量密度低，循环寿命短

尽管现有的正极材料已展现出优异的性能，但它们仍存在一些局限性。例如，磷酸铁锂的能量密度相对较低，限制了其在高能量需求的应用中的使用；而三元材料虽然能量密度高，但在高温或过充的条件下可能存在安全隐患。为了克服这些挑战，研究人员一直在探索新型电解质，如固态电解质。固态电解质不仅具有更高的机械强度和稳定性，还能有效防止电池内部的短路和燃烧，同时提供更高的离子电导率，从而实现更快的充放电速度。

除了材料创新之外，电池结构的设计和优化同样也是提高动力电池性能的关键所在。通过改变电池的电极结构、电解液组成和隔膜材料等，能够进一步优化电池的能量密度、功率密度和安全性。与此同时，随着智能制造和大数据技术的发展，动力电池的生产过程也将变得更加智能化和精细化，进而进一步提高电池的质量和性能。

在全球对可持续能源和环保意识日益增强的大背景下，动力电池作为绿色能源的重要组成部分，其发展前景愈发广阔。正极材料的创新与发展对于推动动力电池技术的进步具有不可或缺的重要意义。未来，随着科技的不断进步以及人们对可持续能源需求的日益增长，我们有充分的理由相信新型正极材料必将在动力电池领域发挥越来越重要的作用，为我们的生活带来更多的便利和可能性。同时，这也必将促进绿色能源产业的发展，为实现可持续发展目标作出举足轻重的贡献。

3.2 负极材料

负极材料也是动力电池的核心组成部分，对电池的能量密度、循环寿命和安全性起着至关重要的作用。当前主流的负极材料包括石墨、硅基材料和钛酸锂，其主要特点和应用领域如表 3-2 所示，每种材料都具有其独特的优势和挑战。

表 3-2 石墨、硅基材料和钛酸锂的主要特点和应用领域

材料	主要特点	应用领域
石墨	具有良好的导电性和导热性，化学性质稳定，耐高温，耐腐蚀	广泛应用于电池、电子、航空航天等领域

续表

材料	主要特点	应用领域
硅基材料	具有优良的半导体性能，可作为太阳能电池、半导体器件等的材料	广泛应用于太阳能电池、半导体器件等领域
钛酸锂	具有较高的安全性能，循环寿命长，充放电速率快，但能量密度较低	广泛应用于电动汽车、储能等领域

天然石墨、人造石墨和硅基负极材料的对比见表 3-3。

表 3-3　天然石墨、人造石墨和硅基负极材料的对比

类型	天然石墨负极材料	人造石墨负极材料	硅基负极材料
理论容量 /(mA·h/g)	$340 \sim 370$	$310 \sim 360$	$400 \sim 4000$
首次效率 /%	>93	>93	>77
循环寿命	一般	较好	较差
安全性	较好	较好	一般
倍率性能	一般	一般	较好
成本	较低	较低	较高
优点	能量密度高，加工性能好	膨胀小，循环性能好，能量密度高	
缺点	电解液相容性较差，膨胀较大	能量密度低，加工性能差	膨胀大，首次效率低，循环性能差

石墨，作为一种成熟的商业化负极材料，因其低成本、成熟的技术和良好的循环稳定性而被广泛应用于手机、笔记本电脑等消费电子产品中，提供稳定的电力支持。然而，石墨的比容量相对较低，这限制了电池能量密度的提升，进而影响了动力电池在电动汽车中的续航能力。

硅基材料作为新型负极材料近年来备受瞩目，特别是在电动汽车领域。与传统的石墨相比，硅基材料拥有更高的比容量和较低的充电电压，预示着提高电池能量密度和充电速度的潜力。然而，硅在充放电过程中的显著体积膨胀可能导致电池结构损坏和循环寿命缩短。为此，研究人员正通过纳米化和复合化技术来改善硅基材料的结构稳定性和电子导电性。

钛酸锂作为一种具有潜力的负极材料，因其出色的循环稳定性和安全性而在储能系统中得到应用。它能够在高温和过充条件下维持良好性能，同时提供快速充电的能力，这对提高动力电池的快速充电性能极为重要。

除了负极材料的发展，电解液和添加剂的优化也对提高动力电池的整体性能

至关重要。通过优化电解液配方和选择合适的添加剂，可以有效延长电池的循环寿命和提高电池的安全性。

随着全球对可再生能源需求的增加以及人类环保意识的增强，动力电池作为新能源汽车的核心部件，其性能提升显得尤为关键。负极材料的研究和开发不断受到广泛关注。通过不断探索新的材料制备方法和改性技术，以及优化电解液和添加剂配方，我们有望看到新型负极材料的重大突破，从而为动力电池性能的提升和新能源汽车的发展注入新动力。

3.3　电解液

电解液在动力电池中扮演着传递离子的关键角色，对电池的性能与安全性具有决定性影响。随着新能源汽车市场的扩展和动力电池技术的飞速进步，电解液的研究与开发变得尤为重要。

目前，市场上主流的电解液主要分为有机电解液和固态电解质两大类。有机电解液因其良好的离子传导性、较低的成本及成熟的工艺而广泛应用于商业化动力电池中。然而，它们的易燃性、易泄漏性以及在高温环境下的不稳定性限制了电池的安全性和应用范围。例如，某些电动汽车品牌因有机电解液泄漏导致的火灾事故，暴露了这一问题的严重性。

为提升动力电池的安全性和能量密度，科研人员正致力于开发固态电解质。固态电解质以其高机械强度、不易泄漏及在高温下的良好稳定性成为电池技术研究的新焦点。尽管理论上固态电解质具有诸多优势，但在实际应用中仍面临挑战，如离子传导性不足，导致电池充电速度较慢。

科研人员正在探索多种新型固态电解质材料，如硫化物、氧化物和聚合物固态电解质，以提高其离子传导性、降低界面电阻，并提升稳定性。同时，也在研究固态电解质与正负极材料的匹配问题，以优化电池的整体性能。除固态电解质外，电解液领域的其他创新技术，如添加剂技术和纳米技术，也在不断发展。例如，通过向有机电解液中添加阻燃剂，已成功提升电池的燃烧安全性和高温稳定性；通过设计纳米结构优化电解质的离子传导性和界面电阻，从而提高电池性能。

固态电解质三大技术路线对比如表3-4所示。

表3-4　固态电解质三大技术路线对比

项目	聚合物电解质	氧化物电解质	硫化物电解质
材料	聚环氧乙烷、聚丙烯腈等	锂磷氮氧化物、钠超离子导体结构电解质等	LiGPS、LiSnPS、LiSiPS等

续表

离子电导率	低（室温：$10^{-5} \sim 10^{-2}$S/cm；$65 \sim 78$℃：10^{-3}S/cm）	中（$10^{-6} \sim 10^{-3}$S/cm）	高（$10^{-3} \sim 10^{-2}$S/cm）
界面相容性	高	高	低
能量密度	低	中	高
材料成本	高	低	高
制备成本	低	高	高
优点	高温下工作性能好，易大规模制备薄膜	各项性能表现较为均衡	电导率高，工作性能表现优异
缺点	常温下电导率低，化学稳定性较差，电化学窗口窄	电导率较低，界面接触差	易氧化，界面稳定性差
市场化前景	技术较成熟，已率先进行小规模量产	容量较小，适用于消费类电池	最适用于动力电池，商业化潜力大
技术难度	离子电导率和循环寿命有待提高	力学性能差，制备成本高	技术难度大，对空气敏感，与锂金属相容性低

随着新能源汽车市场的持续繁荣和动力电池技术的不断革新，电解液的研究和开发仍将是动力电池发展中的重要领域。未来，随着新材料、新技术的引入，我们相信动力电池的性能和安全性将得到进一步提升，为新能源汽车的普及和可持续发展提供坚实支撑。

3.4 隔膜与添加剂

隔膜在动力电池中充当"防火墙"的关键角色，阻止正负极之间的直接接触，从而确保电池的安全性与性能。当前，主流的隔膜材料包括聚烯烃和陶瓷隔膜，它们以高机械强度、优良的离子传导性和化学稳定性，在动力电池的稳定运行中发挥着重要作用。

然而，随着新能源汽车市场的快速扩展和动力电池技术的持续革新，对电池性能与安全性的要求也日益提高。为了进一步提升动力电池的性能和安全性，研究人员正在探索新型隔膜技术。例如，通过纳米技术的应用，某企业开发了具有超高机械强度和高离子传导性的新型隔膜材料，这些材料在提升电池安全性和效率方面展现了巨大潜力。

此外，科研团队也在积极研究其他新型聚合物和无机材料隔膜，这些材料不仅能提供更好的热稳定性，还能有效应对电池在高温和过充条件下的性能挑战。导电添加剂和阻燃添加剂的应用也正如火如荼地进行中，它们不仅增强了电池的导电性，提升了充电速度，还显著提高了电池在极端条件下的安全性。

动力电池的材料科学与电化学原理是推动电池技术进步的重要领域。通过优化隔膜材料与电极材料的相互作用，以及不断开发新的电解液和添加剂，科研人员能够设计出更高效、更安全的电池系统。例如，硅基负极的研究取得了显著突破，极大地提升了电池的能量密度。

在电化学原理方面，深入研究电池内部的反应机制和离子传输行为，以先进的表征技术和计算模拟为支撑，为电池设计和优化提供了科学依据。同时，持续的安全研究确保了电池在各种极端条件下的稳定运行。

动力电池的材料科学与电化学研究正处于飞速发展之中，持续的技术革新和材料优化正在推动动力电池向更高效、更安全、更环保的方向发展。随着对可持续能源需求的不断增长，未来的动力电池技术将不断突破，为全球能源转型和环保事业作出更大的贡献。

 总结

本章详细讨论了动力电池的关键组成部分，包括正极材料、负极材料、电解液、隔膜以及添加剂等。正极材料的研究主要集中在提高能量密度和延长循环寿命上，其中，新型固态电解质材料受到广泛关注，成为研究的焦点。负极材料研究涉及石墨、硅基材料和钛酸锂等，展现了技术的多样性和创新性。电解液和添加剂的研究在提升电池性能和安全性方面至关重要，通过改进这些材料，电池的性能得到了显著优化。

随着全球对可持续能源需求的增加和人类环保意识的增强，动力电池技术展现出广阔的发展前景。正极材料的持续创新是推动技术进步的重要动力。动力电池技术的提升依赖于对材料科学和电化学原理的深入研究。优化隔膜材料加强了电池的结构；新型电极材料的开发为电池注入了新的活力；对电池内部反应机制的深入分析和安全性研究确保了电池的可靠运行。

这些研究和开发有望实现更高效、更安全、更环保的动力电池，不仅促进可再生能源和电动汽车市场的持续发展，还为全球的可持续发展作出重要贡献。随着科技的持续进步，未来的动力电池将变得更加强大和智能，为人类带来更多便利和新的发展机遇。

复习题

1. 动力电池正极材料的研究重点是什么?
2. 动力电池负极材料有哪些主要类型?
3. 钛酸锂作为负极材料有哪些优点?
4. 动力电池隔膜材料的改进方向是什么?
5. 导电添加剂在动力电池中起到什么作用?
6. 阻燃添加剂在动力电池中起到什么作用?

第4章

动力电池设计

 导语

　　动力电池作为新能源汽车的"心脏",其设计质量对于整车性能和安全性起着决定性作用。设计动力电池时,必须全面考量结构设计、性能优化以及安全防护等多个关键因素,以确保电池能够在各种工况下稳定可靠工作。本章将深入探讨动力电池的设计原则和方法,为读者提供系统而全面的知识指导。

4.1 动力电池的结构设计

　　动力电池的结构设计是确保电池性能和安全性的基础。在设计过程中,需要重点关注以下几个关键方面。

(1)外壳设计

　　外壳是动力电池的外部保护层,它需要具备足够的机械强度和刚度,以承受日常使用中的冲击和振动。同时,外壳还应具有良好的密封性能,防止电解液泄漏和外部环境对电池内部的侵蚀。此外,外壳材料的选择也应考虑到其导热性能和耐腐蚀性,以确保电池在恶劣环境下的稳定运行。

(2)电极设计

　　电极作为动力电池的核心构成部分,其性能对电池的容量和功率输出起着直接且关键的作用。

　　在电极材料的选取上,应当选择具备高能量密度、高导电率以及良好化学稳定性的电极材料。例如，常见的锂离子电池正极材料磷酸铁锂，就具有相对稳定的化学性能和较高的安全性。

而电极结构的设计更是至关重要。这需要优化活性物质的分布，比如确保活性物质在电极表面均匀分布，以提高电流收集效率。同时，电极孔隙率的合理设计也不可或缺，孔隙率过高可能导致电极机械强度不足，孔隙率过低则会影响离子传输速率。以某款新型动力电池为例，通过精确控制电极的孔隙率在30% ～ 40% 之间，显著提高了电池的充放电效率和循环稳定性。

在设计过程中，应着重注意以下几点。首先，要充分考虑活性物质与导电剂、黏结剂的比例和分布，以实现良好的电子和离子传导；其次，采用先进的制造工艺，如 3D 打印技术，能够更精准地构建复杂的电极结构；最后，结合电池的使用场景和性能要求，有针对性地调整电极结构参数。

合理的电极结构设计思路和方法包括：基于理论模型进行模拟分析，提前预测不同结构下的电池性能；借鉴已有成功案例，并在此基础上进行创新优化；开展大量的实验研究，通过不断尝试和改进来找到最佳的设计方案。

（3）隔膜设计

隔膜是位于正负极之间的微孔薄膜，它的主要功能是隔离正负极材料，防止短路，同时允许锂离子通过。隔膜材料需要具备高热稳定性、良好的机械强度和离子传导性。隔膜的孔径大小和分布也会影响电池的内阻和功率特性。

（4）集流体设计

集流体是连接电极和外部电路的关键部件，它的主要作用是收集和传输电流。集流体材料应具有高导电率、低电阻和良好的机械强度。集流体的结构设计需要优化其与电极的接触面积和电流传输路径，以提高电池的充放电效率和功率密度。

在设计动力电池时，还需要综合考虑电池的工作原理、制造工艺和使用环境等因素，以实现电池性能和安全性的最佳平衡。通过对上述各个方面的精心设计和优化，可以制造出高性能、高安全性的动力电池产品。

4.1.1 外壳设计的重要性

在动力电池的结构设计中，外壳扮演着至关重要的角色。作为电池内部组件的"守护者"，外壳不仅要具备坚固的结构以抵御各种冲击和振动，还要有出色的耐腐蚀性能，确保电池在恶劣环境下的稳定运行。此外，外壳的密封性同样不容忽视，它必须能够有效防止电解液的泄漏，从而维护电池内部的化学稳定性，延长电池的使用寿命。总之，外壳设计是确保动力电池性能和安全性的关键环节，需要我们进行精细而周到的考虑和设计。

在动力电池外壳材料的选择上，工程师们会综合考虑材料的重量、成本、机械强度、耐腐蚀性以及散热能力。如表 4-1 所示，铝壳因其轻量化特点和优秀的散热性能，在新能源汽车领域得到了广泛应用。它不仅能够减轻车辆整体重量，提高能效，而且其良好的耐腐蚀性也有助于延长电池的使用寿命。钢壳则以其较高的机械强度和较低的成本，在一些对成本敏感且对重量要求不那么严格的工业应用中占据一席之地。塑料壳则因其优异的绝缘性能和良好的成型性，在一些小型化、便携式电子产品中被广泛采用。每种材料都有其独特的优势，因此在选择时需要根据具体的应用场景和性能需求来确定最合适的外壳材料。

表 4-1　铝壳、钢壳和塑料壳优缺点对比

材料	优点	缺点
铝壳	重量轻，具有良好的导热性和耐腐蚀性	强度低，成本较高
钢壳	强度高，成本较低	重量大，导热差，耐腐蚀性差
塑料壳	成本低廉，可塑性强、可满足各种形状要求，绝缘性能好	强度、耐热性差，老化快

在动力电池的外壳设计中，结构的合理性是确保电池性能和安全性的关键因素。合理的结构设计能够充分发挥材料的性能优势，同时提高电池的稳定性和可靠性。例如，通过精确计算和测试，优化外壳的厚度、形状以及散热孔的布局，可以有效提升电池的散热效率，确保电池在高温环境下的正常工作。

随着电池技术的不断进步，外壳设计也在不断创新和发展。采用多层结构和复合材料的设计理念，不仅可以增加电池的能量密度，还可以提高其安全性。同时，先进的表面处理技术也使得外壳在耐腐蚀性和外观上得到了显著提升和改进。

总之，动力电池的外壳设计是整个电池结构设计中不可或缺的一部分。一个优秀的外壳设计能够为电池内部组件提供充分的保护，确保电池在各种应用场景中都能展现出卓越的性能。因此，工程师在进行外壳设计时，需要充分考虑各种因素，投入大量的时间和精力，以确保设计的合理性和有效性。

4.1.2　电极设计的核心要素

电极设计是动力电池性能优化的核心环节，它涉及材料的选择、电极结构的构建以及导电性能的提升。目前，石墨材料因其良好的循环稳定性和适中的能量密度，成为许多商业化电池的首选。尤其在消费电子领域，石墨电极已被广泛应

用于智能手机和笔记本电脑的锂离子电池中，以满足对长续航的需求。

硅基材料作为一种新兴的电极材料，其理论比容量远高于石墨，这使得硅复合材料在未来的电池技术中具有巨大的应用潜力。硅材料在充放电过程中的体积膨胀问题，是当前研究的热点和挑战。为了解决这一问题，研究者正在探索各种方法，如纳米结构化硅、硅碳复合材料以及新型黏结剂的开发，以改善硅电极的循环稳定性。

此外，电极的厚度设计也是影响电池性能的关键因素。电极过厚可能导致内部电阻增大，影响电池的充放电效率；而电极过薄又可能减少活性物质的含量，降低电池的能量密度。因此，工程师需要在保证电极导电性和结构完整性的前提下，优化电极的厚度设计。

导电性能的提升同样不可忽视。电极的导电性能直接关系到电子和锂离子的传输效率。通过改进电极材料的微观结构、优化导电剂的添加以及改进电极制备工艺，可以有效提升电极的导电性能，从而提高电池的整体性能。

为了提升电极的导电性能，工程师常常采用纳米结构设计、添加剂的引入以及表面改性等方法。纳米结构设计能够有效地增加电极材料的比表面积，提高其与电解液的接触面积，从而加快离子在电极材料中的扩散速度。添加剂的引入则可以改善电极的导电性和离子传输性能，进一步提升电池的性能。表面改性则可以通过改变电极材料的表面特性，提高其与电解液的相容性，从而优化电池的性能。

在电极设计的过程中，工程师还需要综合考量电池的整体结构和生产工艺。合理的电池结构可以确保电池在工作过程中的稳定性和安全性，而优化的生产工艺则可以降低电池的成本，提高生产效率。

综上所述，动力电池电极设计是一个复杂而精细的工程任务，它要求工程师在材料科学、电化学和热管理等多个领域具备深厚的知识和实践经验。通过不断研究和创新，我们有望开发出更高效、更安全的动力电池电极材料，以推动电动汽车和可再生能源储存技术的进步。

4.1.3　隔膜设计的关键因素

隔膜（图 4-1）在动力电池中扮演着至关重要的角色，它不仅负责隔离正负极以防止短路，还要允许离子通过，实现电荷的传递。隔膜的设计和性能直接影响到电池的能量密度、功率输出、循环稳定性以及安全性。

隔膜的厚度对电池性能有着显著影响。一方面，过厚的隔膜会增加电池的内部电阻，从而降低能量密度和功率输出。另一方面，如果隔膜过薄，则可能无法有效

图 4-1　动力电池隔膜

隔离正负极，增加短路的风险。因此，隔膜的厚度需要经过精心设计和优化。

透气性是隔膜的另一重要特性。隔膜需要具备适当的孔隙率，以允许锂离子通过，同时阻挡电子的穿透。这种透气性能的平衡对于电池的充放电效率至关重要。如果透气性不足，电池的充电速度将受限；而透气性过强，则可能导致电池性能下降。

耐腐蚀性是隔膜设计时必须考虑的因素。在电池工作过程中，电解质和其他化学物质可能对隔膜造成腐蚀。如果隔膜无法抵抗这些腐蚀介质的侵蚀，其结构和性能将受到影响，进而影响电池的整体性能和寿命。

机械强度也是隔膜必须具备的特性。在电池充放电过程中，由于正负极材料的体积膨胀和收缩，隔膜会受到机械应力。如果隔膜的机械强度不足，可能会导致物理损伤，如断裂或撕裂，从而引发电池短路和性能下降。

热稳定性是隔膜设计中不可忽视的方面。电池在工作过程中会产生热量，特别是在过充、过放或短路等极端情况下，温度可能急剧上升。隔膜需要能够在高温下保持稳定，不发生熔化或燃烧，以防止热失控现象的发生。

随着电池技术的不断进步，对隔膜的要求也在不断提高。例如，在追求更高能量密度的过程中，隔膜需要具备更好的离子传导性能和更低的电阻；在追求更高安全性的过程中，隔膜需要具备更好的热稳定性和机械强度。因此，隔膜的设计和制造是一个不断创新和优化的过程。

总之，隔膜的设计和制造是动力电池技术中的关键环节。通过优化隔膜的厚度、透气性、耐腐蚀性、机械强度和热稳定性，可以显著提升电池的性能和安全性。随着新材料和新技术的不断涌现，隔膜的性能也在不断提升，为动力电池的未来发展提供了强大支持。

4.1.4 集流体设计的要素

集流体在电池中的作用是作为电流的收集器和传输者，将电极的活性物质与外部电路连接起来，确保电流能够顺畅地在电池内部流动。集流体的设计对电池的性能有着直接的影响，包括但不限于其材料选择、截面积、导电性能以及结构设计等方面。

（1）材料选择

集流体通常采用导电性能优异的材料，如铜（Cu）和镍（Ni）。铜因其高电导率和相对较低的成本，在很多电池系统中被广泛应用。然而，铜也有其缺点，比如在高温环境下容易氧化，以及与某些电解质可能发生反应。镍虽然导电性能稍逊于铜，但在某些特定的电池体系中，如镍氢电池，它是不可或缺的材料。

（2）截面积

集流体的截面积决定了其能够承载的电流大小。较大的截面积意味着能够传输更多的电流，这对于高功率输出的电池系统尤为重要。然而，截面积的增加也意味着材料的使用量增多，可能会增加电池的整体重量和成本。因此，在设计集流体时，需要找到一个平衡点，既能满足电流传输需求，又能控制成本和重量。

（3）导电性能

集流体的导电性能直接影响到电池的内阻和效率。高导电性能的集流体可以降低电池的内阻，减少能量损失，提高电池的充放电效率。为了进一步提升导电性能，有时会在集流体表面镀上一层薄薄的金属，如银（Ag）或铝（Al），以形成一个导电层，从而减小电流通过时的电阻。

（4）结构设计

集流体的结构设计对于其机械强度和耐用性至关重要。在电池充放电过程中，集流体会受到机械压力和热循环的影响。一个良好的结构设计可以确保集流体在这些条件下保持稳定，避免断裂或脱落。此外，集流体的结构还需要考虑到与电极材料的结合方式，以及如何有效地将电流分布到电极的活性区域。

随着电池技术的不断发展，对集流体的要求也在不断提高。例如，在固态电池中，集流体可能需要具备更好的柔韧性以适应固态电解质的特性。在未来，集流体的设计可能会更加注重与新型电极材料和电解质的兼容性，以及如何通过集流体的设计来提高电池的整体性能和安全性。

综上所述，集流体的设计是一个需要多方面考量的工程问题，需要在材料选择、截面积、导电性能和结构设计等多个方面进行优化，以期达到最佳的电池性能。随着电池技术的进步和市场需求的变化，集流体的设计和制造将继续面临新的挑战和机遇。

4.2　单体电池设计

单体电池是动力电池的基本单元，如图 4-2 所示。

电池单体　　　　　电池模组　　　　　电池包

图 4-2　单体电池是动力电池的基本单元

在设计单体电池时，工程师必须对多个关键性能指标进行全面的评估和优化，以确保电池在实际应用中的可靠性、效率和安全性。以下是一些主要的考虑因素。

（1）容量

电池的容量是指它能够存储的电荷量，通常以安时（A·h）为单位。电池容量的大小直接决定了设备的续航时间。在设计过程中，工程师需要选择合适的电极材料和结构，以最大化电池的能量存储能力。

单体电池的容量计算公式如式（4-1）所示：

$$C=It \tag{4-1}$$

式中　C——电池容量，A·h；

　　　I——电流，A；

　　　t——电池放电或充电的持续时间，h。

（2）能量密度

能量密度是电池单位质量或单位体积所能存储的能量。高能量密度的电池能够在更小的空间内提供更多的能量，这对于移动设备和电动汽车尤为重要。通过优化电池的化学成分和结构设计，可以提高能量密度。宁德时代发布的第三代无模组电池包（cell to pack, CTP）——麒麟电池，该电池的体积利用率突破了72%，配用三元电芯能量密度可达255W·h/kg。

（3）功率密度

功率密度是指电池在单位时间内能够释放的最大功率。它反映了电池的快速充放电能力，是衡量电池性能的重要指标之一。

高功率密度的电池能够在短时间内实现快速充电和放电。这一特性对于那些需要快速响应的应用场景而言，具有至关重要的意义。比如在电动汽车的加速过程中，需要电池在瞬间释放出大量的电能，以提供强大的动力；又比如在一些应急储能设备中，当主电源突然中断时，高功率密度的电池能够迅速接替供电，以确保关键设备的正常运行。

在实际应用中，提高电池的功率密度往往需要在材料选择、电极结构设计以及电池管理系统等多个方面进行创新和优化。例如，采用具有良好导电性和快速离子传输能力的电极材料，合理设计电极的孔隙结构和厚度，以及通过先进的电池管理系统精确控制充放电过程等，都有助于提升电池的功率密度。

（4）循环寿命

电池的循环寿命是指电池在正常使用条件下，能够经受多少次充放电循环，而性能不出现显著降低的能力。这一指标对于电池的实际应用和性价比评估具有极其重要的意义。

循环寿命的长短受多种因素的影响。其中，电极材料的特性起着关键作用。选择具有良好耐磨性、化学稳定性和结构稳定性的电极材料，能够显著增强电池在多次充放电过程中的耐受性。例如，采用具有较高结晶度和结构规整性的锂离子电池正极材料，能够有效减少充放电过程中的结构破坏和容量衰减。

此外，优化电池管理系统也是延长电池使用寿命的重要途径。通过精确控制电池的充电电压、电流和温度等参数，可以避免过充、过放和过热等不利情况的发生，从而减少电池内部的副反应和损伤。例如，智能的充电管理系统能够根据电池的实时状态调整充电策略，确保充电过程平稳且高效，最大限度地保护电池的性能。

总之，通过精心选择耐磨的电极材料和优化电池的管理系统，能够有效地延长电池的循环寿命，提升其使用价值和经济性。

（5）自放电率

自放电率指的是电池在处于未使用状态时自然放电的速率。它是衡量电池性能的一个重要指标。

自放电现象的产生，主要源于电池内部的化学反应以及微小的漏电等因素。当自放电率较高时，电池在闲置状态下会较快地损失电量，这对于需要长时间储存电量或待机的设备来说是极为不利的。

相反，低自放电率的电池能够在较长时间内更好地保持电量。例如，一些对电量保持要求较高的设备，如长期处于库存状态的电子产品或备用电源系统中，低自放电率的电池能够显著延长待机时间，确保在需要使用时仍有充足的电量供应。

在电池技术的不断发展中，研究人员和制造商一直致力于降低电池的自放电率，通过改进电池的材料、结构设计以及生产工艺等方面，来提高电池的性能和实用性。

（6）工作温度范围

电池应具备在宽广的温度范围内稳定工作的能力，无论是在酷热难耐的高温环境中，还是在严寒刺骨的低温环境中。

这一特性对于电池的实际应用至关重要。在高温环境中，电池内部的化学反应速率可能会加快，导致电池性能下降、寿命缩短甚至出现安全隐患；而在低温环境中，电池的离子传输速率会减慢，内阻增大，从而影响电池的放电能力和充电效率。

例如，在炎热的沙漠地区或寒冷的极地环境中使用的电子设备，其搭载的电池若无法在极端温度下正常工作，将严重影响设备的性能和可靠性。

因此，研发能够在宽温度范围稳定运行的电池技术，是当前电池领域的一个重要研究方向，这对于推动新能源汽车、航空航天以及各类户外电子设备的发展具有重要意义。

（7）安全性

电池的安全性无疑是最重要的考虑因素之一。在电池的设计过程中，必须全方位考量，精心规划，以确保电池在面临诸如过充、过放、短路、撞击等各类异常情况时，能够始终保持稳定，不会发生诸如热失控等极其危险的状况。

过充会导致电池内部的化学反应失控，产生过多的热量；过放则可能引发电池结构的损坏，影响其性能和安全性；短路会使电流瞬间增大，产生高温；而撞击可能造成电池内部结构的破坏，从而引发一系列安全问题。一旦发生热失控，电池温度会急剧上升，甚至可能引发燃烧、爆炸等严重后果，对使用者的生命财产安全构成巨大威胁。

例如，在电动汽车中，如果电池的安全性得不到保障，不仅会影响车辆的正常运行，还可能在行驶过程中引发重大事故。因此，在电池的设计环节，需要采用先进的技术和严格的质量控制手段，如优化电池的结构设计、选用高质量的材料、配备完善的保护电路和热管理系统等，以最大限度地降低安全风险，保障电池在各种复杂和极端条件下的安全可靠运行。

（8）成本效益

电池的成本效益分析乃是确保产品经济可行性的关键所在。这一分析涵盖了多个重要方面，其中包括材料成本、制造成本以及后期的维护成本。

材料成本在电池总成本中占据着显著的份额。优质且高性能的电池材料往往价格不菲，但它们对于电池的性能和寿命起着决定性作用。例如，某些稀有金属材料虽能提升电池的能量密度和充放电效率，但其高昂的价格可能会增加电池的初始成本。

制造成本则涉及生产过程中的设备投资、工艺复杂性、劳动力投入以及生产规模等因素。高效的生产工艺和大规模生产能够在一定程度上降低单位产品的制造成本。

后期的维护成本同样不可忽视。这包括电池的定期检测、故障维修以及必要的更换费用。如果电池在使用过程中需要频繁维护和更换，将会给用户带来额外的经济负担。

综合考虑这些成本因素，并对其进行细致的分析和评估，有助于在电池的设计和生产阶段做出合理的决策，以达到在满足性能要求的前提下，实现成本的最优控制，从而提升产品在市场上的竞争力和经济可行性。

（9）环境影响

随着人类环保意识的日益增强，电池的环境友好性已然成为设计过程中必须着重考虑的关键因素，这主要涵盖了电池的可回收性以及其对环境所产生的影响。

在当今社会，资源的有限性和环境保护的紧迫性促使我们更加关注产品的全生命周期。对于电池而言，其可回收性至关重要。优质的电池设计应当便于在其使用寿命结束后，能够有效地进行回收和再利用，从而减少对自然资源的需求，并降低废弃物对环境的压力。

同时，电池在生产、使用和废弃处理的各个阶段，都可能对环境造成不同程度的影响。例如，电池生产过程中可能会产生有害的废水、废气和废渣；在使用过程中，如果电池发生泄漏，其中的化学物质可能会污染土壤和水源；而废弃电池若未得到妥善处理，其中的重金属等有害物质可能会长期存在于环境中，对生态系统和人类健康构成潜在威胁。

因此，在电池设计之初，就应当充分考虑如何减少其对环境的负面影响，通过选择环保的材料、优化生产工艺以及制定合理的回收策略，实现电池产业与环境保护的协调发展。

（10）标准化和模块化

为了便于组装和维护，电池设计理应遵循特定的标准化和模块化原则。

标准化原则能够确保电池在生产过程中遵循统一的规范和标准，使得不同批次、不同厂家生产的电池具备一致性和互换性。这不仅有助于提高生产效率，降低生产成本，还能方便后续的质量检测和控制。

模块化原则是将电池系统分解为若干个独立的模块，每个模块具有特定的功能和性能指标。在组装过程中，可以根据实际需求灵活组合这些模块，快速构建出满足不同规格和要求的电池系统。当电池需要维护或出现故障时，只需对相应的模块进行更换或维修，而无需对整个电池系统进行大规模的拆解和修复，大大提高了维护效率，降低了维护成本。

例如，在电动汽车的电池组设计中，采用标准化和模块化的设计原则，能够快速实现电池组的组装和更换，提高车辆的生产效率和售后维护的便捷性。

遵循标准化和模块化原则进行电池设计，能够有效提升电池的生产效率、组装便利性以及维护的可操作性，推动电池技术的广泛应用和发展。

综上所述，单体电池的设计是一个复杂且细致的过程，需要全面地考虑容量、能量密度、循环寿命以及安全性等众多因素。通过科学的设计和优化，可以设计出满足特定应用需求的单体电池,为电动汽车和其他能源储存系统提供可靠的动力来源。随着电池技术的不断进步,如固态电池、锂硫电池等新型电池技术的研发,单体电池的设计将面临新的挑战和机遇。

4.3 电池成组技术

电池成组技术是现代能源储存领域的重要分支,特别是在电动汽车、储能系统和可再生能源等行业中,发挥着至关重要的作用。该技术涉及将多个单体电池通过特定方式组合成电池组,以满足不同应用场景的需求。电池成组技术的关键在于解决电池均衡问题、优化电池组的构成架构、提升散热性能以及强化安全防护。

电池均衡技术是确保电池组长期稳定运行的核心。它通过调节单体电池之间的电压和容量差异,避免过度充放电,从而延长电池组的使用寿命。例如,特斯拉通过应用先进的主动电池均衡技术,显著提升了动力性能,显著延长了车辆的续航里程和电池的使用寿命。

在电池成组的过程中,结构设计同样至关重要。合理的结构设计不仅能够保证电池组的牢固性和美观性,还能提升散热性能。如图 4-3 所示为比亚迪的"刀片电池","刀片电池"是比亚迪对外宣传新一代磷酸铁锂电池的一个名称,其实就是比亚迪研发多年的"超级磷酸铁锂电池"。

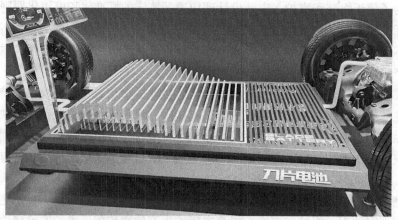

图 4-3 比亚迪的"刀片电池"

所谓"刀片电池"就是比亚迪开发的长度大于 0.6m 的大电芯通过阵列的方式排布在一起,就像"刀片"一样插入电池包里面。一方面可提高动力电池包的空间利用率、增加能量密度;另一方面能够保证电芯具有足够大的散热面积,可将内部的热量传导至外部，从而匹配较高的能量密度。

　　安全性是电池成组技术不可或缺的考量因素。在设计、制造和使用过程中，需要采取多种措施来确保电池组的安全性，如使用阻燃材料、设置多重防护结构和实施严格的质量控制。同时，定期的检测和维护也是确保电池组安全的重要手段。

　　随着科技的进步和市场的发展，电池成组技术不断创新和完善。未来，我们期待电池成组技术在提高能量密度、降低成本和增强安全性等方面取得更大的突破，为可再生能源和电动汽车等领域的快速发展提供强有力的支撑。

　　电池成组技术的未来发展趋势可能包括智能化管理、模块化设计、固态电池技术的应用以及绿色可持续的发展方向。智能化管理将借助物联网和大数据技术，实现对电池状态的实时监控和智能调控；模块化设计将提高电池组的可维护性和可扩展性；固态电池技术将带来更高的能量密度和安全性；而绿色可持续的发展方向将注重环保和资源回收利用。

　　总之，电池成组技术作为现代能源储存领域的关键技术之一，将在智能化管理、模块化设计、固态电池技术和绿色可持续等方面持续创新和发展。这些技术的进步将为可再生能源和电动汽车等领域的快速发展提供强大支持，推动全球能源结构的转型和可持续发展。

4.4　电池包热管理系统

　　电池包热管理系统（图 4-4）是电动汽车动力电池的重要组成部分，负责维持电池包的工作温度，确保电池在各种环境条件下都能稳定、高效运行。例如比亚迪汉 EV 和唐 EV 等车型采用的液冷技术，有效控制了电池温度，提高了电池性能，延长了电池寿命。

　　在设计电池包热管理系统时，必须全面考虑散热、保温和温度控制等因素，以确保电池包的安全性和性能。比亚迪电动巴士在冬季通过高效保温措施，减少了电池能量的散失，延长了续航里程。

　　电池包热管理系统的性能对电动汽车的性能和安全性至关重要。比亚迪的电池包热管理系统采用智能温控技术，根据不同工况和环境条件自动调节温度，确保了车辆的性能和安全性。

　　散热是电池包热管理系统的核心功能之一。在高温环境下，如果电池包散热不良，会导致电池性能下降，甚至引发安全事故。另外，保温也是电池包热管理系统的重要功能。在低温环境下，电池包内部温度下降会导致电池性能降低。

　　温度控制是电池包热管理系统的另一个关键功能。广汽新能源的电池智能温

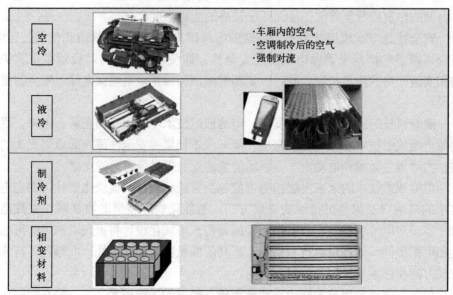

图 4-4　电池包热管理系统

控系统能够实时监测电池温度，并根据不同驾驶模式和工况进行精确调节，提高了电池性能，延长了电池使用寿命。

总之，电池包热管理系统的设计需要全面、综合考虑散热、保温和温度控制等因素。只有这样，才能确保电池包的安全性和性能，为电动汽车的发展提供有力支持。

4.5　电池包安全设计

电池包的安全设计对于动力电池系统来说是至关重要的。它不仅直接影响到电池的稳定运行和使用寿命，而且是确保电动汽车整体安全的基石。因此，在电池包的设计阶段，必须采取一系列严谨的安全措施，以确保其在各种极端环境下都能展现出卓越的稳定性和可靠性。

（1）结构设计

电池包应具备出色的抗震性能。这可以通过选用高强度材料和精心优化的结构布局来实现。这样的设计有助于电池包在碰撞或震动等突发事件中保持完整性，从而有效降低因机械冲击引起的内部短路或其他潜在损害的风险。

（2）隔热设计

隔热设计也是电池包安全的重要考虑因素。通过采用高效的隔热材料和科学合理的热管理系统，可以有效阻断电池单元间的热量传递，从而预防过热现象的发生，确保电池在最佳的温度范围内稳定运行。

（3）温控系统

此外，电池包还需配备先进的温度控制系统。这个系统能够实时监测电池的温度变化，并根据实际情况进行主动的冷却或加热调节。这样不仅可以确保电池在各种工况下都能保持在最佳的工作温度，还有助于提高电池的性能并延长其使用寿命。

（4）电气安全

在电气安全方面，电池包的设计必须考虑到各种潜在的电气故障。合理的布线规划、过流保护装置的设置以及防火阻燃材料的应用，都是降低火灾风险的重要手段。这些措施共同构建了一道坚固的防线，守护着电池包的电气安全。

（5）防水防尘

防水防尘性能也是电池包设计不可忽视的一环。通过对电池包进行密封处理和使用防水材料，可以有效防止水分和灰尘侵入其内部。这不仅可以避免因环境因素导致的电池性能衰减或损坏，还能进一步提升电池包的整体耐用性。

综上所述，电池包的安全设计应是一个全方位的工程，它要求我们从结构设计、热管理、温度控制、电气安全和防水防尘等多个维度出发，采取综合性的措施来确保电池包的安全可靠运行。只有这样，我们才能为电动汽车的广泛应用奠定坚实的基础，让绿色出行更加安心、可靠。

4.6 电池单元选择

在动力电池设计流程中，电池单元的选取扮演着至关重要的角色。这一步骤要求对电池单元的性能、成本、可靠性及安全性等多方面因素进行深入分析和综合评估。同时，还需考虑电池单元与电池组整体结构的适配性以及散热性能的匹配性，以确保电池组在实际应用中能够达到预期的性能目标，并保持长期稳定运行。

具体而言，电池单元的性能参数是评估其适用性的首要指标。这包括但不限于能量密度、功率密度、循环寿命以及自放电率等关键指标，它们直接决定了动力电池的续航里程、充电速度和使用寿命等性能表现。在选择电池单元时，必须确保其性能参数能够满足特定应用场景下的性能需求。

成本因素也是电池单元选择过程中不可忽视的重要考量因素。不同类型和规格的电池单元在制造成本上存在差异，这直接影响到动力电池的整体成本效益。因此，在满足性能要求的前提下，应寻求成本效益最优的电池单元解决方案，以增强产品在市场上的竞争力。

可靠性和安全性是电池单元选择的核心关注点。电池单元在使用过程中可能面临过充、过放、高温以及短路等极端工况，因此必须具备足够的可靠性和安全性，以保证在各种恶劣条件下都能稳定工作，并最大限度地降低安全风险。

在电池单元的匹配方面，需要特别关注电池组的整体结构设计。电池组通常由多个电池单元通过串联或并联的方式组合而成，因此电池单元之间的一致性和匹配性对电池组的性能和稳定性至关重要。如果电池单元性能差异过大，可能导致电池组整体性能下降，甚至出现安全隐患。

此外，散热设计是电池组设计中的另一个关键因素。电池单元在工作过程中会产生一定的热量，如果散热不畅，可能导致电池单元温度过高，进而引发热失控现象，严重威胁电池组的安全。因此，在选择电池单元时，应充分考虑其散热特性，确保电池组能够在工作过程中保持适宜的温度范围。

综上所述，在动力电池设计过程中，电池单元的选取应基于对性能、成本、可靠性、安全性等多方面因素的全面分析和权衡。同时，还需兼顾电池单元与电池组整体结构的适配性以及散热性能的匹配，以实现动力电池的高性能和高可靠性。

4.7 模组设计

在动力电池设计中，电池模组的设计是连接电池单体与电池包的关键环节，其质量对整车的性能和安全性有着直接的影响。电池模组需要具备足够的机械强度和稳定性，以抵抗车辆在行驶过程中可能遭遇的各种机械应力，如震动和冲击。此外，为了确保电池在高温环境下的稳定运行，电池模组还应具备优异的散热性能，以防止电池过热引发的性能下降或安全事故。

电池模组的性能也是设计时需要重点考虑的因素之一。电池模组需要提供稳定的电压和电流输出，以满足车辆的动力需求。同时，电池模组还应具备较高的能量密度和较长的使用寿命，这不仅有助于提高动力电池的经济性，还有利于推动新能源汽车产业的可持续发展。

电池模组的安全性更是设计过程中不可忽视的要点。电池模组需要具备多重安全保护措施，如过充、过放、短路等保护机制，以防范电池在工作过程中可能发生的各种安全事故。这些安全保护措施包括电池内部的隔离膜、热断路器等，以及电池外部的防火、防爆等安全举措。

电池模组还需要考虑其与电池包热管理系统和安全系统的集成问题。电池模组需要与热管理系统密切配合，以确保电池在工作过程中具备良好的热稳定性和散热性能；同时，电池模组还需要与安全系统紧密配合，以便在发生安全事故时能够及时响应并进行有效的处置。

综上所述，电池模组设计在动力电池制造过程中占据着至关重要的地位。在设计过程中，我们需要全面深入地考虑电池模组的结构、性能、安全性以及与热管理系统和安全系统的集成问题。只有这样，我们才能确保电池模组的高效、安全和稳定运行，为新能源汽车的发展提供坚实的保障。

 总结

本章详尽阐述了动力电池设计的全流程，包括结构设计、电极设计、隔膜设计和集流体设计等核心环节。在结构设计方面，我们强调了电池外壳、电极、隔膜及集流体的相互作用对电池性能与安全性的决定性影响。电极设计部分，我们深入探讨了电极材料选择、电极厚度调控以及导电性能提升等关键技术。隔膜设计要求我们关注其厚度、透气性和耐腐蚀性等特性，以保障电池的高效和稳定运行。集流体设计则聚焦于材料选择、截面积优化及导电性能提升，旨在实现电流的高效传导。通过对上述设计要素的精细打磨，我们能够打造出性能卓越、安全可靠的动力电池产品，从而有力支撑新能源汽车及可再生能源产业的快速发展。展望未来，随着电池技术的不断革新，电池成组技术将朝着智能化管理、模块化设计、固态电池技术革新以及绿色可持续发展等方向迈进，为全球能源转型贡献更多力量。

复习题

1. 动力电池设计的关键环节是什么？
2. 隔膜设计需要考虑哪些因素？
3. 电池成组技术有哪些发展趋势？
4. 电池包如何防止短路？
5. 电池管理系统如何监控电池？
6. 电池包如何散热？

第5章

动力电池制造工艺

 导语

动力电池堪称现代电动汽车搏动的"心脏",其制造工艺的精细水准和技术含量的高低,直接决定了电池的性能优劣和寿命长短。在本章的内容中,我们将对动力电池关键制造工艺进行全面且详细的深入探讨。

5.1 动力电池制造的原材料准备与处理

对于电动汽车而言,动力电池犹如其蓬勃跳动的"心脏",是电动汽车得以正常运行的核心驱动力。动力电池的性能表现直接影响电动汽车的续航里程、加速性能、充电速度等关键要素,同时也关乎电动汽车的使用安全性和可靠性。动力电池制造的全流程首先紧密关联着原材料的极为细致且精心的准备,以及全面周到且合理妥善的处理。这些原材料的精准选择和精细处理操作,对于电池的能量密度、安全可靠性能、循环使用寿命等至关重要的性能指标具有举足轻重的决定性和重大影响力。

5.1.1 原材料准备

动力电池原材料主要包括正极材料、负极材料、电解液和隔膜。正极材料在电池中充当储存与释放能量的关键材料,其重要性毋庸置疑。常见的正极材料涵盖金属氧化物及磷酸铁锂等。金属氧化物,如钴酸锂、锰酸锂、锂镍钴、锰酸盐、三元正极等,因具有高能量密度与电压平台的优势,在动力电池领域占据一席之地。钴酸锂因其高能量密度与良好的循环性能，成为早期动力电池的首选材料。然而，伴随人们对电池安全性与成本要求的日益提升，锰酸锂因其相对较低的成本与良好的安全性而渐受关注。高能量密度是三元正极的最大优势，而安全性较差和循环寿命较短是三元正极的主要短板。磷酸铁锂以其出色的低成本性、高安全性能与超长使用寿命备受市场青睐。此种材料在充放电过程中展现出极高的稳定性，使电池在恶劣环境下也能维持良好的性能。

负极材料与正极材料类似，同样承担存储和释放锂离子的任务。传统的负极材料石墨，具有良好的导电性与锂离子嵌入/脱嵌性能，在动力电池中得到了广泛应用。然而，随着技术的发展与市场的变化，硅复合材料作为一种新型负极材料，以其高容量及潜在的低成本渐受关注。硅复合材料具有极高的理论容量，为石墨理论容量的数倍，被视为下一代动力电池的理想负极材料。尽管硅复合材料在充放电过程中存在体积变化较大的问题，但通过结构设计与表面修饰等方法，可有效提升其循环稳定性，为动力电池的未来发展提供新的可能。

电解液作为电池中离子传输的介质，其性能对电池的整体性能具有至关重要的影响。电解液通常由有机溶剂、锂盐与添加剂组成，在正负极之间提供锂离子传输通道，从而实现锂离子在正负电极之间的传输。电解液的选择直接关联电池的电压窗口、功率密度及安全性等方面。为提高电池的能量密度与延长电池的循环寿命，研究者不断探索新型的电解液体系，如固态电解液与高浓度电解液等。新型电解液体系通常具有更高的离子传导性能与更好的稳定性，为动力电池的性能提升提供新的思路。

隔膜位于电池的正负极之间，起着隔离正负极与防止电池短路的重要作用，是动力电池的关键组件之一。隔膜需要具有良好的离子透过性、机械强度与电化学稳定性，以确保电池在充放电过程中的正常运行。为满足这些要求，隔膜材料需具有均匀的微观孔结构。同时，在动力电池的制造过程中，对隔膜的质量与性能要求极高，任何微小的缺陷皆可能导致电池的性能下降或安全事故的发生。故在隔膜的制造过程中，应采用先进的工艺与设备以确保其质量与性能达到要求。

除上述关键原材料外，动力电池的制造过程中还需一系列辅助材料，如导电剂和黏结剂，用于提高正负极材料的电化学性能。同时，动力电池还需要涂布机、压片机、卷绕机等设备，用于将正负极材料、电解液与隔膜等材料加工成电池的基本结构。这些辅助材料与设备的选择与使用，对动力电池的性能与质量同样具有重要的影响。所以在动力电池的制造过程中，需对这些辅助材料与设备进行严格的选择与控制。

在动力电池的整个制造过程中，生产工艺的有效控制极具重要性。从原材料的混合开始，历经涂布、压片、分切、卷绕，一直到电池的封装、化成等诸多环节，均需依托严格的工艺控制，以保障电池的性能和质量达标（图5-1）。此外，生产环境所涉及的洁净度、温度、湿度等各类因素，也会对电池的性能产生重大影响。

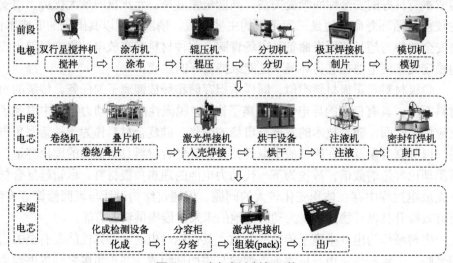

图 5-1　动力电池制备工艺

　　伴随电动汽车市场的迅猛发展，动力电池的需求量亦在持续增长。为了契合市场需求，动力电池制造商亟待不断提升生产效率，降低成本，并坚持开展技术创新与研发工作，以此推动动力电池技术的持续进步。与此同时，鉴于新能源汽车市场的不断扩张，以及消费者对续航里程、安全性能等方面要求的持续提升，动力电池的制造技术将面临更为严峻的挑战和难逢的机遇。因此，动力电池制造商必须持续创新，提升产品质量与性能以满足市场的需求和消费者的期望。政府和社会各界同样需要增加对动力电池技术的扶持与投入。通过订立相关政策、给予资金支持、强化产学研合作等手段，推动动力电池技术的持续创新与发展。同时，还需要强化对动力电池回收和再利用的研究与应用，以减少环境污染和资源浪费。

　　动力电池作为电动汽车的核心部件，其制造过程牵涉到众多繁杂且关键的技术环节。通过对关键原材料、生产工艺、辅助材料和设备等方面的深入探究与优化，能够持续提升动力电池的性能和质量，为电动汽车的广泛普及和可持续发展作出更大的贡献。与此同时，政府和社会各界也有必要加大对动力电池技术的支持与投入，助力其不断发展与创新。

5.1.2　原材料处理

　　在动力电池的整个制造运转流程当中，原材料的预先筹备以及后续处置可谓是保障电池性能稳定且可靠的关键构成环节。原材料的处理过程主要包括干燥、粉碎、混合。

(1)干燥

干燥过程是原材料处理的首要步骤,主要目的在于去除原材料中所含有的水分。水分的存在不仅可能在电池制造过程中引发安全隐患,如出现短路和燃烧等情况,还可能对电池的性能和使用寿命产生不良影响。干燥过程能有效降低原材料的水分含量,确保电池制造流程的安全性。在这一步骤中,精确控制温度和湿度至关重要,以避免原材料发生不必要的化学变化或结构破坏。

(2)粉碎

粉碎过程是为了减小原材料的粒径,增强其在电池中的分散性和活性。粉碎后的原材料能更好地与其他成分混合,提高电池的均匀性和一致性。同样,在此过程中也需严格控制温度和湿度,以保持原材料的特性稳定。

(3)混合

混合过程是将经过干燥和粉碎的原材料进行均匀混合的关键步骤。通过混合,可实现不同原材料之间的充分接触和均匀分布,对确保电池的稳定性和一致性至关重要。在此步骤中,先进的混合设备和技术不可或缺,以确保原材料之间充分混合,同时避免出现颗粒团聚等问题。

除了上述三个主要步骤外,原材料的处理过程还包括严格的筛选和检测。检测内容涵盖了对原材料的化学成分、物理性能、电化学性能等方面的全面且精确的测试和分析。通过筛选和检测,可以确保原材料的质量和稳定性符合电池制造的高要求。具体的检测项目可能包括但不限于:对关键元素含量的精确测定,以确保原材料的成分符合标准;评估原材料的粒径分布,确保其达到预期的要求;检测原材料的电化学性能,如容量、倍率性能等,以保证其在电池中的表现良好。

在动力电池的制造过程中,原材料的准备与处理是一个至关重要的环节。精心选择和处理原材料,并进行严格的检测和筛选,能够确保电池的性能稳定一致,为电池的安全运行和长时间使用奠定坚实基础。随着科技的不断进步和电池制造技术的持续提升,未来动力电池原材料的处理过程将更加精细化和智能化,为电池制造业的可持续发展注入新的动力。

5.2 电极制备工艺

在电池制造的完整过程中,电极的制备是其中无比关键的环节,其制备质量的优劣直接关乎电池的性能展现是否卓越以及使用寿命能否长久。电极制备工艺具体包含浆料配制、涂布、干燥和切割等一系列步骤。

（1）浆料配制

作为电极制备的起始步骤，浆料配制具有举足轻重的地位。在浆料配制步骤中，应将活性物质、导电剂以及黏结剂等关键原材料进行精细而均匀的混合，以形成完全适配涂布的均一浆料。在电极浆料配制中，通常使用双行星搅拌机进行混料（图5-2）。在这一过程中，各种原材料的配比和混合工艺都必须受到极其严格的把控，以确保浆料的质量达到至高水准且拥有绝对的稳定性。之所以要如此严格要求，是因为浆料的质量和稳定性对于电极的导电性、活性物质的利用率以及电池的能量密度都有着决定性的影响。

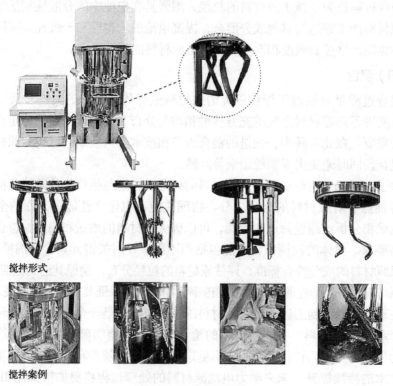

搅拌形式

搅拌案例

图5-2　双行星搅拌机

（2）涂布

涂布过程是将制备好的浆料以均匀的方式涂布在金属集流体的表面，从而成功构建出电极片（图5-3）。涂布质量直接决定了电极的均匀程度和电池性能的优劣。涂布的均匀性和一致性与适宜的涂布设备有着紧密关系。精准设定工艺参数需要对涂布速度和浆料浓度等要素进行严格的调控，唯有在涂布过程中对每一项参数都进行严密的把控，方能有效确保电极的高质量和卓越性能。

图 5-3　锂离子电池电极涂布工序

（3）干燥和切割

干燥和切割步骤同样具有至关重要的意义，对电极的最终形态和性能产生直接而显著的影响。在干燥过程中，务必严格控制温度和时间，以严密防范电极片出现变形或产生开裂等不良状况。而切割则需要依据电池的特定规格和要求，将电极片精准地切割成恰到好处的尺寸和形状（图 5-4），以便后续的组装和封装能够顺利进行。

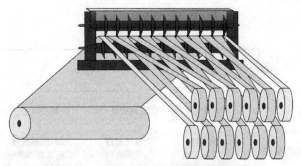

图 5-4　锂离子电池电极片切割示意图

综上所述，电极的制备工艺堪称是一个极为复杂且要求精细的过程，需要全面而深入地考虑各种因素，包括原材料的选择、混合与涂布工艺、干燥和切割条件等方方面面。在这一过程中，需要对每一个步骤进行严格的把控，以确保电极的质量和性能达到最优水平。只有通过如此严格的把控，才能够成功制造出性能极其卓越、稳定而可靠的电极，为电池的整体性能打造坚实而牢固的基础。

与此同时，随着科学技术的不断进步，电极片的制备工艺也在持续地发展和优化。例如，新型纳米技术的引入可以极大程度地提高电极的活性物质利用率和能量密度；智能制造技术的应用能够进一步提升电极制备的自动化程度和精确性。这些新兴技术的应用无疑将为电极制备带来翻天覆地的革新，同时也为电池行业的发展开辟更为广阔的空间。

总之，电极片的制备工艺在电池制造过程中占据着关键而重要的位置，其质量直接左右着电池的性能和使用寿命。在未来，我们热切期待通过不断的技术创新和优化，进一步改善电极的制备工艺，为电池行业的蓬勃发展注入源源不断的新活力。

5.3 电解液配方与制备工艺

电解液作为电池中不可或缺且举足轻重的组成部分，其配方与制备工艺对电池的性能有着至关重要的影响。对电解液配方予以优化并对制备工艺实施控制，乃是提升电池离子传导能力、稳定性以及安全性的关键所在。

电解液配方堪称电解液性能的核心要素。在电池的设计与制造流程中，研究人员需依照电池的化学体系和性能要求，审慎地选取电解质和添加剂的品类及比例（图 5-5）。譬如，针对锂离子电池，常用的电解质涵盖了有机碳酸酯以及无机盐类等。这些电解质的组成和结构会直接影响电池的离子传导能力和稳定性。此外，添加剂的添加亦能进一步提升电解液的性能。常见的添加剂包括成膜添加

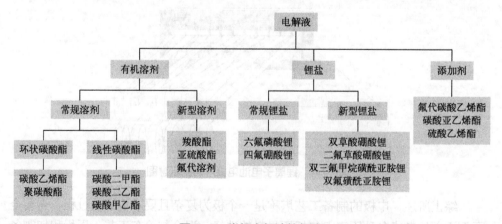

图 5-5　常规电解液的组成

剂、防过充添加剂、阻燃添加剂等，它们能在电池运行期间发挥保护作用，防止电池出现热失控等安全性问题。

除了电解质和添加剂的选取，电解液配方还需要斟酌溶剂的种类与纯度。溶剂的选择与电解液的溶解度和稳定性存在直接关联。在制备电解液时，务必选取高纯度、低水分含量的溶剂，以规避溶剂内的杂质和水分对电解液性能产生的影响。同时，对锂盐的溶解度也需要进行精准把控，以确保锂盐在溶剂中达到最为理想的溶解度状态，从而保障电解液的离子传导能力。

除了电解液配方的规划，制备工艺的管控亦是至关重要的环节。在制备过程中，需要严格调控温度、压力和搅拌速度等参数，以保障电解液的均匀性和稳定性。对溶剂的纯度、锂盐的溶解度以及溶剂的含水量等要素也需要严格把控，以确保电解液的质量和稳定性。这些因素的管控不仅对电解液的性能具有影响，亦直接关乎电池的安全性和使用寿命。

伴随电池技术的持续发展，电解液的研究和应用也在不断取得新的突破与进展。例如，近些年来，新型电解质材料如固态电解质的研究和应用逐渐受到人们的高度关注。固态电解质具备高机械强度、高离子传导能力以及良好的稳定性等优势，有望使电池的安全性和性能得到革命性的提升。此外，纳米技术在电解液领域的应用也为电池性能的提升提供了新的途径。纳米技术可借助改变电解液的微观结构，进一步提高电解液的离子传导能力和稳定性。

综上所述，电解液的配方和制备工艺对电池性能具有重大影响。通过优化电解液配方和控制制备工艺，能够提升电池的离子传导能力、稳定性和安全性，为电池的高效、安全运行提供坚实的保障。未来，随着电池技术的不断进步，电解液的研究和应用也将持续取得新的突破和进展，为电池性能的提升和应用的拓展奠定坚实的基础。

5.4 隔膜制造

隔膜作为电池中必不可少的核心部件，承担着防止正负极接触短路的关键职责与神圣使命，对电池的安全性以及使用寿命发挥着无比重要的作用。隔膜的制造过程，需要在洁净间内完成，每一处细节皆至关重要，因为哪怕是极其微小的缺陷，都可能会对电池的性能产生极为深远的影响。

动力电池的隔膜制备工艺包括干法工艺和湿法工艺。干法工艺是隔膜制备过程中最常采用的方法，该工艺是将聚烯烃高分子聚合物、添加剂等原料混合形成均匀熔体，挤出时在拉伸应力作用下形成片晶结构，热处理片晶结构获得具有弹性的聚合物薄膜，之后在一定的温度下拉伸形成狭缝状微孔，热定型后制得微孔膜。目前干法工艺主要包括干法单向拉伸和干法双向拉伸两种工艺。干法单向拉伸是使用流动性好、分子量低的聚乙烯（PE）或聚丙烯（PP）聚合物，利用硬弹性纤维的制造原理，先制备出高取向度、低结晶度的聚烯烃铸片，低温拉伸形成银纹等微缺陷后，采用高温退火将缺陷拉开，进而获得孔径均一、单轴取向的微孔薄膜（图5-6）。干法双向拉伸工艺是中国特有的隔膜制造工艺。由于 PP 的 β 晶型为六方晶系，单晶成核、晶片排列疏松，拥有沿径向生长成发散式束状的片晶结构的同时不具有完整的球晶结构，在热和应力作用下会转变为更加致密和稳定的 α 晶，在吸收大量冲击能后将会在材料内部产生孔洞。该工艺通过在 PP 中加入具有成核作用的 β 晶型改性剂，利用 PP 不同相态间密度的差异，在拉伸过程中发生晶型转变形成微孔。

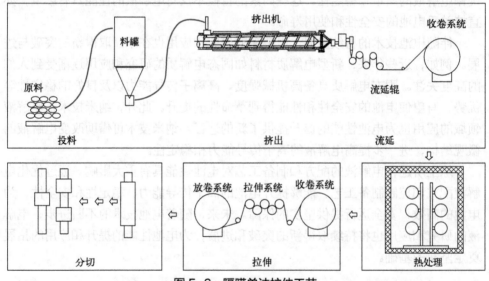

图 5-6   隔膜单法拉伸工艺

　　湿法工艺是利用热致相分离的原理，将增塑剂（高沸点的烃类液体或一些分子量相对较低的物质）与聚烯烃树脂混合，利用熔融混合物降温过程中发生固 - 液相或液 - 液相分离的现象，压制膜片，加热至接近熔点温度后拉伸使分子链取向一致，保温一定时间后用易挥发溶剂（例如二氯甲烷和三氯乙烯）将增塑剂从薄膜中萃取出来，进而制得的相互贯通的亚微米尺寸微孔膜材料（图5-7）。湿法工艺适合生产较薄的单层 PE 隔膜，是一种产品厚度均匀性更好、理化性能及力学性能更好的隔膜制备工艺。

　　隔膜产品的性能受基体材料和制作工艺的共同影响，这对锂电池的性能有着决定性的影响。稳定性、一致性和安全性是隔膜非常重要的性能指标，它们对锂

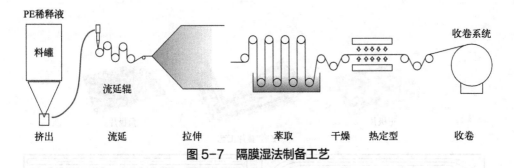

图 5-7 隔膜湿法制备工艺

电池的放电倍率、能量密度、循环寿命和安全性有着决定性的影响。相比于干法隔膜，湿法隔膜在许多方面具有更为优越的材料性质，如厚度均匀性、力学性能（拉伸强度、抗穿刺强度）、透气性能和理化性能（润湿性、化学稳定性、安全性）。这些特性使得湿法隔膜能够更好地吸收并保持电解液，改善了电池的充放电性能和循环能力，因此非常适用于制作高容量电池。从产品力的角度来看，湿法隔膜的综合性能要强于干法隔膜。然而，湿法隔膜也存在一些缺点。除了受限于基体材料导致热稳定性较差之外，主要是一些非产品因素，比如需要大量的溶剂易造成环境污染，以及设备复杂、投资大、周期长、成本高、能耗大、生产难度大、生产效率较低等问题。

在湿法隔膜中，双向同步拉伸技术可以同时在横向和纵向两个方向取向，从而不需要单独进行纵向拉伸的过程，这增强了隔膜的厚度均匀性，使产品透明度高、无划伤、光学性能和表面性能优异。这种技术可以说是综合性能最好的隔膜，在隔膜高端市场中占据着重要的地位，也是现阶段市场表现最好的锂电池隔膜。

5.5 电芯组装

电芯组装作为电池制造的核心环节，其重要性毋庸置疑。在这个过程中，正负极片、隔膜以及电解液等关键组件被巧妙且精细地组装在一起，从而形成一个能够有效储存与释放电能的电池（图 5-8）。然而，这个过程绝非简单地将这些组件随意堆叠，而是需要极其严格的工艺控制和质量保障，以全面确保电池的性能表现和安全稳定性。

电芯组装的首要任务，是务必确保生产环境的稳定性与可靠性。温度和湿度是两个极为关键的因素。由于电芯组装过程中所涉及的材料和组件对温度和湿度极其敏感，任何细微的波动都可能引发电池内部的短路、燃烧等安全事故。因此电芯组装对环境控制有着极高且严苛的要求。首先，温度必须精确控制在一个

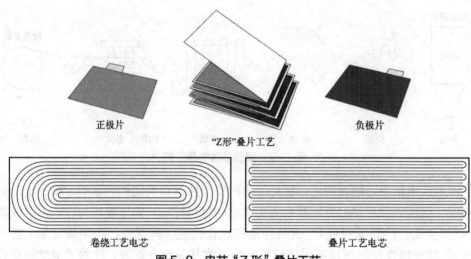

正极片　　　　　　　　"Z形"叠片工艺　　　　　　　　负极片

卷绕工艺电芯　　　　　　　　　　　　　　　叠片工艺电芯

图5-8　电芯"Z形"叠片工艺

特定的范围内，以确保电芯组件的性能稳定，避免因过热或过冷而导致的变形或失效。其次，湿度也需严格把控，过高的湿度可能会引发腐蚀和短路等问题，而过低的湿度则可能导致静电积聚。同时，空气质量也是关键因素之一，要防止粉尘、有害气体等污染物的存在，以免影响电芯的性能和寿命。此外，环境的洁净度需达到极高标准，以避免杂质和微粒的污染。对于气压、光照等其他环境因素，也都有着细致的要求，任何细微的变化都可能对电芯组装的质量产生重大影响。为了满足这些要求，制造商需配备先进的环境控制设备，并建立完善的监测体系，实时监控环境参数的变化，确保环境始终处于理想状态。这不仅是对相关设备和技术的严峻考验，更是制造商责任心和专业度的具体体现。总之，电芯组装对环境控制的要求极为严格，任何一个环节的疏忽都可能导致电芯质量的下降，从而影响整个电池的性能和安全性。

　　除了环境控制，电芯组装还需要保证各组件之间能保持良好的接触。电芯是由众多组件经过拼接和连接而成的，如果接触不良，就极有可能导致电池性能的下降甚至失效。因此，制造商需要采用先进的生产工艺和精良的设备，以确保各组件之间的接触紧密且稳定。这不仅要求制造商具备卓越的技术水平，还需要他们持续追求创新和优化。

　　然而，仅仅依靠先进的生产工艺和设备是远远不够的，严格的质量检测和控制同样至关重要。制造商需要配备专业的检测设备和经验丰富的人员，对每一个生产环节进行严密的监控和精细的检测。这不仅是对产品质量的有力保障，更是对消费者高度负责的直观表现。与此同时，制造商还需要建立完备的质量管理体系，以确保电芯生产过程中的每一个环节都完全符合标准和要求。

电芯组装作为电池制造过程中至关重要的一步，其重要性和复杂性不言而喻。为了全面确保电芯的质量和性能符合标准要求，制造商需要采取一系列行之有效的措施来保障生产环境的稳定性和可靠性。这不仅需要他们具备高超的技术水平和强大的创新能力，更需要他们始终坚定地坚守对消费者的承诺和责任心。唯有如此，才能生产出高品质、高性能的电池产品，从而满足消费者的需求，并赢得市场的广泛认可。

5.6　封装工艺

封装工艺是确保电池安全与稳定的关键环节（图 5-9）。在电池的制造流程中，封装工艺可谓是极为关键且不可或缺的一环。它具体涵盖了将电芯封装成为电池模块或者电池包的整个过程，对电池的安全性和稳定性起着决定性的作用。封装工艺不仅要求电芯之间的连接务必牢固可靠，还必须防止电池内部出现短路和燃烧等各类安全事故。为此，在封装的过程中，必须实施一系列严谨的安全举措和技术手段，以切实保障电池的质量与性能。

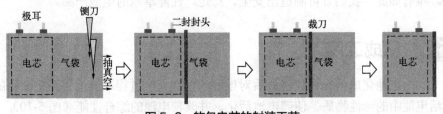

图 5-9　软包电芯的封装工艺

电芯之间的连接是封装工艺中的关键要点。为了保证连接坚固与可靠，通常会采用焊接、螺丝固定等连接方式。在焊接的过程中，选择适宜的焊接材料以及焊接参数显得至关重要。不恰当的焊接材料或参数极有可能致使焊接质量不尽如人意，进而对电池的安全性和稳定性造成影响。所以，在焊接期间需要严格把控焊接参数，确保焊接接头满足标准要求。此外，针对焊接接头展开质量检测同样是必不可少的环节，如此便能及时察觉潜在的质量问题并采取相应的措施。

除了焊接连接之外，螺丝固定也是一种常见的连接方式。在螺丝固定的过程中，选择合适的螺丝规格和紧固力矩同样至关重要。倘若螺丝规格不匹配或紧固力矩不足，便可能导致连接不够牢固，从而加大电池内部短路和燃烧的风险。因此，在螺丝固定期间，需要严格依照规范进行操作，以确保连接牢固可靠。

除了确保电芯之间的连接牢固可靠以外，封装工艺还需要针对电池展开外观检查和质量检测。外观检查主要聚焦于电池的平整度、是否存在裂纹与变形等问题。这些问题可能会直接对电池的安全性和性能产生影响。因此，在外观检查的过程中，需要细致入微地检查电池的外观，确保其符合标准要求。

质量检测则更为全面，包含对电池的容量、内阻、电压等参数展开检测。这些参数直接反映了电池的性能和质量。倘若电池的参数未能符合标准要求，可能会致使电池在实际运用中出现性能欠佳或存在安全隐患。因此，质量检测是确保电池安全稳定的关键环节。

在封装工艺完成之后，还需要对电池进行老化和测试。老化过程是指将电池放置在特定条件下一段时间，使其内部的化学反应达到稳定状态。这个过程有助于发现电池在长期使用中可能出现的问题。测试过程则更加全面，包括充放电测试、短路测试、过充过放测试等。这些测试旨在验证电池在实际使用中的性能和安全性。唯有通过严格的测试和验证，方能确保电池在实际使用中表现出色。

总之，封装工艺在电池制造过程中占据着重要地位，对于电池的安全性和稳定性具有举足轻重的作用。在封装过程中，必须采取一系列严格的安全措施和技术手段，以保证电芯之间的连接坚实可靠，防范电池内部短路和燃烧等安全事故的发生。同时，还需要对电池进行外观检查和质量检测，从而确保其满足标准要求。唯有如此，我们方可制造出安全、稳定、性能卓越的电池产品。

5.7 化成工序

动力电池化成是指电池注液后对电池的首次充电过程。该过程的主要目的是激活电池中的活性物质，使锂电池活化，并改善电池的综合性能（图 5-10）。

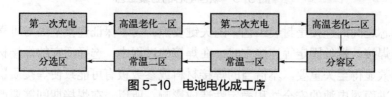

图 5-10　电池电化成工序

在化成工序的实施过程中，电池历经了从初始状态向激活状态的转变。为了确保这一转变过程的精确性与稳定性，技术人员需要保持高度警惕，严密监控电流、电压和温度等关键参数。一旦发现任何异常，就需及时调整工艺条件，以保障电池内部的化学反应能够按照预期的方向有条不紊地进行。电池的充放电测试也是化成工序中不可或缺的关键一环。通过这一测试，我们能够直观清晰地了解电池的性能表现，进而验证其是否满足设计的要求。

当化成工序圆满完成后，电池便进入了后续的组装和测试阶段。在这一阶段中，每个电池单元的正确安装和连接都具有至关重要的意义。技术人员需要严格遵循既定的工艺流程，以确保每一个步骤都准确无误，如此方能保障电池的整体性能。

为了全面且综合地评估电池的性能，电池性能测试和安全性能测试成为必不可少的环节。电池性能测试主要涵盖电池容量测试、内阻测试、充放电循环测试等内容。通过这些测试，我们可以深入了解电池的储能能力、能量转换效率以及循环寿命等关键指标。这些指标直观地反映了电池在实际应用中的性能表现，对于确保电池满足用户的需求具有重大的意义。

安全性能测试则主要聚焦于电池的安全性和可靠性。在这一阶段，电池会经历短路测试、过充过放测试、高温测试和低温测试等极端条件下的考验。这些测试旨在模拟电池在实际使用中可能遭遇的各种复杂情况，从而评估其安全性能和稳定性。只有通过这些严格的安全性能测试，我们才能确信电池在实际应用中具备高度的安全性和可靠性。

外观检查和尺寸测量等步骤同样是电池制造过程中不可或缺的重要环节。这些步骤能够确保电池的外观和尺寸符合标准要求，避免因制造过程中的误差而导致电池性能下降或引发安全隐患。通过这些细致入微的检查和测量，可以保证每一个出厂的电池都符合高品质的标准。

总的来说，化成工序是电池制造过程中的关键环节之一。通过严格的工艺控制和全面的测试流程，能够确保电池的性能和安全性得到全面的提升。这些高品质的电池产品将为人们的日常生活和工作提供稳定可靠的电力支持，有力地推动社会的可持续发展和进步。

5.8 容量分选

动力电池分容的全称是容量分选，指的是在锂电池生产过程中，通过专业的设备（如分容柜）对电池进行充放电测试，以筛选出合格电池并确定其容量大小的过程（图 5-11）。

图 5-11 电池容量分选流程

在电池的制造过程里，容量分选犹如一个精准的筛选器，精细地筛选出性能出众的电池，然后将其巧妙地组合成电池组，如此一来便能够提供更为强大的能量输出以及更长的使用寿命。这一技术在电动汽车、储能系统等领域被广泛应用，为这些设备提供了稳定且高效的电源解决方案。不妨想象一下，在电动汽车中，一个性能卓越的电池组能够为车辆提供强劲而持续的动力支持，切实确保行驶过程的安全与舒适。而在储能系统中，优秀的电池组则可以实现能量的高效存储与释放，为各种设备源源不断地供应动力。

常见的分容方法主要有以下三种：放电容量法、充电容量法和开路电压法。放电容量法是将锂离子电池以一定条件充满电后，再以一定的电流完全放电。放电电流乘以时间即为电池的放电容量。这种方法能够较为准确、全面地反映电池的放电容量等性能，但时间较长，可能影响生产效率。充电容量法指的是锂离子电池按照一定条件进行充电，到达一定荷电状态（SOC）后，再按照一种充电方法到达另一个 SOC，计算 SOC 之间的充电容量，推测出锂离子电池的实际放电容量。这种方法时间短、生产效率高，但可能存在偏差及误判现象。开路电压法是通过锂离子电池的开路电压与放电容量之间的关系，推测出电池的放电容量。这种方法同样具有时间短、生产效率高的优点，但判定精度降低，不适合高精度分容使用。

随着科技的持续进步，容量分选技术也在不断得以完善和优化。在未来，我们期待这一技术能够在提高电池组的整体性能、稳定性以及安全性方面发挥出更大的作用。与此同时，我们也期望这一技术能够在更多的领域得到应用，为电池产业的发展注入全新的活力。容量分选作为电池制造和使用中不可或缺的关键一环，对于提高电池组的整体性能、稳定性和安全性具有重要且深远的意义。我们应当充分认识到这一技术的重要地位，并在实践过程中不断探索和完善其应用方法。唯有如此，我们才能够更好地利用电池技术为我们的生活和工作带来更多的便利与可能性。

5.9 质量检测

质量检测在电池制造流程中的关键性与重要性也是不容小觑的，是保证电池质量及性能达到既定标准的关键所在。在电池的制造过程中，质量检测承担着多重作用，不仅是对制造过程的高效监督，更是对最终产品质量的坚实保障。质量检测的定义为确保产品或服务满足既定要求的一系列具体活动。在电池制造领域中，质量检测涵盖了外观检查、尺寸测量、容量测试、内阻测试、循环寿命测试等众多方面。这些测试的目的在于全方位评估电池的外观、尺寸、性能、安全性等关键指标，以保证每一块电池都完全符合既定的要求。表 5-1 显示了动力电池部分质量检测方法及要求。

表 5-1 动力电池部分质量检测方法及要求

内容	测试设备	测试方法	要求
放电容量	电池测试柜	室温条件下，电池以企业规定的标准充电方式充电后记录放电容量	不低于额定容量，且不超过额定容量的 110%。
倍率测试	电池测试柜	能量型：$3C$ 功率型：$8C$	能量型电池达到额定容量的 90%；功率型电池达到额定容量的 80%
高温充放电测试	电池测试柜、高温箱	55℃±2℃ 搁置 5h，$1C$ 放电	放电容量应不低于初始容量的 90%
低温充放电测试	电池测试柜、可编程高低温试验箱	−20℃±2℃ 搁置 24h，$1C$ 放电	放电容量应不低于初始容量的 70%
常温荷电保持	电池测试柜	满电状态下常温存储 28d 后，测试电池电压、内阻、容量	保持容量应不低于初始容量的 85%；恢复容量应不低于初始容量的 95%
高温荷电保持	电池测试柜、高温箱	满电状态下 55℃ 存储 7d 后，测试电池电压、内阻、容量	保持容量应不低于初始容量的 85%；恢复容量应不低于初始容量的 95%
存储	电池充放电机	半电状态，常温 90d 存储	容量恢复不低于初始容量的 90%
耐振动性	振动机、电池充放电测试柜	以 1/3C 放电；上下振动；振动频率 10～55Hz；最大加速度 30m/s²；扫频 10 次；振动时间 3h	不允许出现放电电流锐变、电压异常、蓄电池壳变形、电解液溢出等异常现象，并保持连接可靠、结构完整
常温循环	电池充放电机	室温下，$1C$ 充放 500 周	容量保持率不得低于初始容量的 90%

注：参考标准 GB/T 31486—2015。

质量检测的目的在于确保每一个电池都满足性能及安全方面的要求。电池作为能量存储和转换的关键组件，其质量直接关乎设备运行的稳定性以及用户的安全性。因此，质量检测在电池制造过程中扮演着极为关键的角色。借助严格的质量检测，能够筛选出存在缺陷或损伤的电池，确保流入市场的每一个电池都具备可靠的质量和性能。

在质量检测的过程中，各项测试都具有其独特的作用。外观检查作为第一步，通过目视或仪器检查的方式，剔除那些表面存在缺陷或损伤的电池。尺寸测量则是为了确保每个电池的尺寸都符合规定的规格，以保障电池在设备中的安装和使用不会受到影响。容量测试用于评估电池储存和释放电能的能力，通过容量测试，可以筛选出那些容量不足或性能不稳定的电池。内阻测试是评估电池内部电阻大小的手段，较低的内阻意味着电池能够更高效地转换电能，减少能量的损失，同时降低了电池在工作过程中产生过热的风险。循环寿命测试则是对电池耐久性的考验，通过模拟电池在实际使用中的充放电过程，评估电池的循环寿命，也就是电池在经历一定次数的充放电后，其性能衰减的程度。

质量检测在电池制造过程中还起到了监督制造过程的作用。通过定期进行的质量检测和数据分析，制造商能够及时发现生产过程中存在的问题，例如设备故障、原料质量问题等，从而采取相应的措施进行改进。这有助于提高生产效率和产品质量，降低生产成本和售后维修成本。

质量检测对于电池制造商和消费者都具有重要的意义。对于制造商而言，通过严格的质量检测，可以确保产品的质量和性能满足要求，提升品牌形象和市场竞争力。同时，这也为制造商提供了信心和保障，使他们能够放心地将产品推向市场，满足消费者的需求。对于消费者来说，严格的质量检测意味着他们能够购买到安全、可靠、性能稳定的电池产品，为他们的生活和工作提供稳定的能源支持。此外，质量检测还有助于保障消费者的权益和安全，避免因电池质量问题而引发的安全事故。质量检测不仅是确保电池质量和性能符合既定标准的关键环节，也是对制造过程的有效监督和保障。通过严格的质量检测，我们可以筛选出符合要求的电池产品，为消费者提供安全、可靠、高效的能源支持。同时，这也为电池制造商提供了信心和保证，推动了行业的持续发展和创新。

5.10　工艺优化

随着科技的迅猛发展以及市场需求的持续变迁，电池技术作为现代能源存储与供应的核心所在，其制造工艺的提升和改进显得至关重要且意义非凡。这种优化不仅紧密关联着电池的性能与安全性，更直接牵涉到制造成本和在市场中的竞争力。

电池制造工艺的优化涵盖了诸多层面。原材料的拣选乃是其中极为关键的一环。众所周知，优质的原材料是塑造高品质电池的根基。通过精心筛选符合要求的原材料，并进行严格的测试与遴选，能够切实保障电池的性能和安全性，同步延长电池的循环使用寿命。针对锂离子电池，正极材料的选择会直接对电池的能量密度和循环稳定性产生影响。故而，制造商需要紧密关注材料科学领域的最新动态，适时引入性能更为卓越的新材料。

除了原材料的选择之外，电极制备工艺的优化同样是电池制造工艺中的关键环节。电极作为电池的核心组成部分，其性能直接决定着电池的能量密度、循环寿命以及安全性。在这一方面，制造商需要不断摸索新的电极材料和制备技术，以提升电极的性能和稳定性。例如，纳米技术的应用能够显著提高电极的活性物质利用率以及离子传输效率，进而推动电池整体性能的提升。

电解液作为电池中的"血液"，其配方和制备工艺对电池的性能和安全性也具有重要影响力。优化电解液的配方和制备工艺，可以提高电池的离子传导能力和稳定性，从而进一步延长电池的能量密度和循环寿命。在这一方面，制造商需要深入探究电解液的离子传导机理，持续探索新的电解液配方，以满足不同类型电池的需求。

此外，提升自动化水平也是电池制造工艺优化的重要途径。随着智能制造和工业互联网技术的迅速发展，自动化生产已成为制造业的发展趋向。通过引入先进的自动化设备和系统，不仅能够提高生产效率，降低人工成本，还能够有效减少人为操作失误，提升电池的质量和安全性。

电池制造工艺的优化和改进还需要结合具体的应用领域来进行。随着电池应用领域的不断拓展，如电动汽车、储能电站等，对电池的要求也在逐步提高。因此，制造商需要依据不同领域的需求，量身定制适宜的电池制造工艺，以满足市场对高能量密度、长循环寿命、高安全性电池的需求。

综上所述，电池制造工艺的优化和改进是提升电池性能和安全性、降低制造成本、提高市场竞争力的关键举措。在未来，随着电池技术的不断演进和市场需求的持续变化，我们期待电池制造工艺能够不断创新和升级，为电池产业的可持续发展注入新的活力。同时，这也需要制造商、科研机构、政府和社会各界携手努力，形成产学研用一体化的创新体系，推动电池技术的持续进步和应用拓展。

5.11 自动化生产

伴随科技的日益更新迭代，自动化生产已逐步凸显锋芒，成为电池制造领域的关键发展方向。其不单单是显著地提高了生产效率，更是极大限度地降低了人力成本，减少了人为失误的发生，从而极为有效地提升了产品的质量与安全性。尤其是在动力电池的制造过程里，自动化生产的引入，无疑为这一领域注入了全新的活力。

动力电池，作为电动汽车的核心构成组件，其制造过程的繁杂性和精细程度是不言而喻。而自动化设备与智能化系统的运用，得以让从原材料筹备到封装工艺的整体流程生产实现自动化，大幅度提升了生产效率与产品质量（图 5-12）。例如，通过高精准度的自动化涂布、切割、卷绕等工艺，能够切实确保每一片电池片的制造精度与质量，进而保证动力电池的综合性能。

此外，大数据分析和人工智能技术的应用，使得生产过程中的数据可以被实

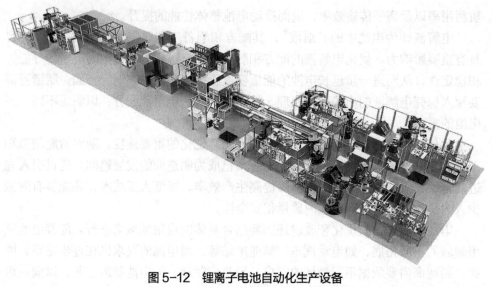

图5-12 锂离子电池自动化生产设备

时进行监测与分析。这不但能够及时察觉生产中存在的问题，还能凭借数据分析，为生产优化提供强有力的支撑。例如，通过对生产数据的深入挖掘，企业能够发现生产中的瓶颈与问题所在，从而有针对性地优化生产流程与工艺，进一步提升生产效率与产品质量。

在全球对可再生能源和电动汽车需求急速增长的大背景下，动力电池的市场需求也在持续扩张。为了满足这一需求，电池制造企业必须持续提高生产效率，确保产品质量。而自动化生产，恰是达成这一目标的关键手段。它不仅能够助力企业迅速响应市场需求，还能保证产品的稳定性与可靠性，从而赢得消费者的信任。

与此同时，伴随科技的持续发展，自动化生产的智能化水平也在不断提升。例如，通过人工智能技术，生产设备能够实现自我诊断与维护，进而进一步提高设备的可靠性与稳定性。这不但降低了企业的维护成本，还保障了生产的连续性与稳定性。

自动化生产已然成为动力电池制造的重要趋势。随着科技的不断进步与应用，相信未来自动化生产将会在动力电池制造领域发挥更为重要的作用，为可再生能源和电动汽车的发展提供更为坚实的支撑。在这一进程中，我们期待目睹更多的科技创新与突破，为动力电池制造带来更为美好的未来。

总之，动力电池制造工艺是一个复杂且精细的过程，需要严格把控每个环节的质量与性能。通过持续优化工艺并提高自动化水平，能够有力推动动力电池技术的不断发展与进步，为电动汽车的发展提供更有力的支持。

总结

　　动力电池制造工艺作为电动汽车核心部件的关键环节，涵盖了原材料的准备以及处理、电极的制备工艺等诸多方面。其中，电极制备工艺以及电解液配方对于电池的性能发挥着至关重要的作用。新型纳米技术以及智能制造技术的蓬勃发展，为电极制备带来了巨大变化。电池制造工艺的优化工作，包含了原材料的选择、电极制备工艺与电解液制备工艺的优化，以及提升自动化水平等内容。这种优化能够有效提高电池的能量密度和安全性，延长电池的循环寿命。在未来，制造商需要针对不同的应用领域，进行定制化的制造工艺设计，形成一种产学研用一体化的创新体系。自动化生产能够显著地提高生产效率以及产品质量，为动力电池制造注入全新的活力。

复习题

　　1. 硅复合材料作为负极材料的优势是什么？
　　2. 固态电解质和高浓度电解液各有哪些优点？
　　3. 隔膜的制造过程中需要注意哪些关键因素？
　　4. 电极制备过程中如何确保浆料质量？
　　5. 涂布过程中如何保证电极均匀性？
　　6. 干燥过程中如何避免电极片变形或开裂？

第 **6** 章

电池安全与防护

 导语

在现代生活中，作为能源供应单元，电池在新能源汽车中占据着重要地位，且得到了极为广泛的应用。然而，随着新能源汽车对动力电池需求的不断增加，与之相关的安全问题也愈发凸显。为了能从根本上解决电池使用时的安全性，需将关注的重点放在电池的安全防护措施上。在本章中，将会深入探讨电池安全与防护的重要性，同时还会介绍一些较为常见的电池安全防护措施。

6.1 电池安全基础知识

由前面章节可知，电池通常由正极、负极、电解质以及隔膜等核心部分构成。正极和负极是电池内部发生化学反应的特定场所，而电解质承担着传递离子的任务，使得化学反应能够持续不间断的进行。隔膜则发挥着隔离正负极的作用，能有效防止电池内部出现短路和燃爆的情况。在充电和放电的过程中，锂离子电池的正极和负极材料会发生氧化还原反应，从而实现电能的存储和释放。然而，这种化学反应若是失去控制，则极有可能导致电池内部出现短路、燃爆等一系列安全事故。

锂离子电池在拥有高能量密度、长使用寿命等显著优点的同时，也存在着过充、过放、耐高温性能较差等安全隐患。在使用电池时，必须充分了解其安全特性，严格遵循正确的使用和维护方法。

电池的安全问题并不是孤立存在的，它与电池的设计、制造、使用、回收等各个环节都存在着紧密的联系。例如，电池的设计需要充分考虑到其结构的安全性，以防范电池内部发生短路和燃爆的风险；电池的制造过程中需要严格把控质量，确保每一个电池都符合安全标准；在使用电池时，需要严格遵循正确的使用方法，避免出现过充、过放等不安全的行为；而在电池回收环节，也需要采取恰当的措施，防止废弃电池对环境造成污染。

综上所述，电池安全是涉及多方面的复杂问题。需从全面理解电池的基础知识入手，熟练掌握电池的工作原理和安全特性，同时密切关注电池设计、制造、使用、回收等各个环节的安全问题。

6.2 电池风险评估

电池风险评估是一个具有全面性、综合性的复杂过程，它致力于精准地预测和深入地评估电池在实际运用、存储保管、运输转移以及处置处理等过程中可能会遭遇的各种潜在危险。这一过程具体涉及对电池内部出现短路、热失控、爆炸等风险的细致深入分析，以及对电池性能表现、材料兼容性、制造质量等诸多方面的综合全面考量。电池风险评估的宗旨是切实确保电池能在各种不同的应用场景中安全地加以使用，有效避免潜在的各类危险和损失。

内部短路通常是由电池内部组件受到损害、出现老化现象或是设计方面存在缺陷而导致的。当电池内部的正负极之间发生直接的接触时，会引发电流在瞬间出现大幅增大，致使电池局部温度迅速升高，甚至可能引发热失控等问题。为降低这一风险，电池制造商需要采用高品质的材料并执行严格的生产工艺，以保证电池内部组件具备完整性和稳定性。图 6-1 为电池内部短路原理。

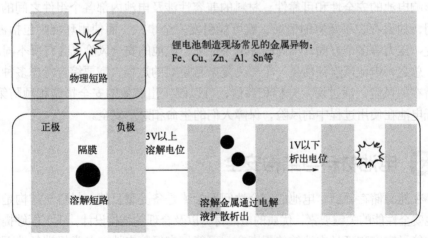

图 6-1　电池内部短路原理

热失控是电池在工作运行过程中产生的热量无法得到有效的散发，进而导致电池温度持续不断升高，最终有可能引发爆炸。热失控通常与电池的设计方案、制造工艺以及使用环境紧密相关。为有效预防热失控，电池的设计应当充分考虑散热性能，同时在使用过程中要严格遵循正确的充电、放电和存储方法，避免在高温、潮湿等恶劣的环境下使用电池。图 6-2 为电池热失控的原因和后果。

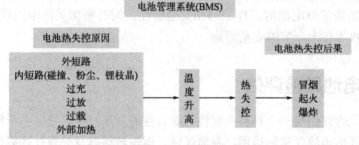

图 6-2　电池热失控的原因和后果

除此之外，电池爆炸通常是由于电池内部发生了极为严重的气体生成、压力升高以及温度上升等一系列过程，最终导致电池外壳出现破裂、内部物质发生泄漏并引发爆炸。电池爆炸往往具有极大的破坏性和危险性，会对人们的生命和财产安全构成严重的威胁。为降低电池爆炸风险，除了提升电池本身的制造质量外，还需加强对电池使用过程的监管以及制定应急措施，确保在发生异常情况时能够及时采取有效的措施，以避免事故的发生。

在电池风险评估过程中，还需要考虑其他一些因素，例如电池的性能指标、材料的兼容性、使用环境等。电池的性能指标，如能量密度、循环寿命等，会直接影响电池的安全性和可靠性；材料的兼容性涉及电池内部各个组件之间的相互作用，如果存在不兼容的情况，就可能引发安全事故；而使用环境则包括温度、湿度、压力等多个方面，不同的环境条件下，电池的安全风险也会有所不同。

总之，电池风险评估是一个极为复杂且重要的过程，需要综合考虑多种因素和潜在的风险。通过深入分析和评估，可以制定出有效的安全措施和预防策略，降低电池在使用过程中的风险，保障人们的生命和财产安全。

6.3 电池材料与结构安全

在能源储存领域，电池的安全性问题始终是备受瞩目的。材料与结构是决定电池安全性能的关键要素，优质的电池材料以及合理的结构设计，不仅能够提升电池的能量密度和延长电池的使用寿命，更能切实保障电池在各类极端条件下的安全稳定运行。

首先，电池的正极材料对其安全性有着直接的影响。正极材料需要具备极高的热稳定性，以防止电池在充放电过程中出现热失控现象。例如，采用具有高热稳定性的磷酸铁锂（LFP）正极材料，因其具备较高的热稳定性，能够有效避免电池热失控的发生。相比之下，某些具有较低热稳定性的正极材料，如镍钴锰酸锂（NCM）和镍钴铝酸锂（NCA），在高温或短路等极端状况下，可能会引发电池热失控，从而对电池的安全性构成威胁。

其次，电解质的选择同样是保障电池安全性的关键所在。电解质需要拥有良好的离子导电性和化学稳定性，以防止电池内部发生短路和燃爆。例如，固态电解质因其高机械强度和化学稳定性，被视为下一代高安全性电池的理想选择。固态电解质能够有效防止电池漏液和燃爆，进而提升电池的安全性。

此外，电池的结构设计也是提高电池安全性的重要手段。合理的结构设计能够确保电池在各种工作条件下的机械稳定性。例如，通过在电池内部增添多层结构和采取热阻隔等安全措施，能够在电池热失控时，有效隔离热量和气体的扩散，从而防止电池发生燃爆。此外，提高电池的机械强度，如增加电池壳体的厚度和强度，也能够有效防止电池在遭受外力冲击时发生破损和燃爆。

综上所述，电池的材料和结构对电池的安全性具有至关重要的影响。优质的材料和良好的结构设计是提高电池安全性能的关键。通过选用热稳定性良好的正极材料和电解质，以及具备足够机械强度的电池结构，能够有效地提高电池的安全性能，为新能源汽车的安全稳定工作提供坚实的保障。

6.4 制造过程中的安全控制

在电池制造过程中，确保安全至关重要。为了实现这一目标，需要采取一系列严格的安全控制措施，从原材料的质量控制到生产工艺的严格把控，再到生产环境的优化，每一个环节都至关重要。

（1）原材料的质量控制是确保电池安全的基础

电池原材料的质量和纯度直接影响到电池的性能和安全性。因此，在采购原材料时，应当选择具有良好信誉的供应商，并对原材料进行严格的质量检查。此外，还需要建立完善的原材料存储和管理制度，确保原材料在存储和运输过程中不受到污染和损坏。

（2）生产工艺的严格控制也是确保电池安全的关键

电池制造过程涉及多个环节，如浆料制备、涂布、卷绕、封装等。在这些环节中，需要制定严格的工艺参数和操作规范，确保生产过程中的每一步都符合标准。此外，还应当定期对生产设备进行维护和检查，以确保设备的正常运转和生产效率。

（3）生产环境的优化也是确保电池安全不可忽视的一环

电池制造过程中需要保持洁净的生产环境，以避免灰尘、杂质等污染物进入电池内部。因此，应当建立完善的洁净室管理制度，确保生产环境符合相关标准。同时，还需要关注生产过程中的温度和湿度等环境因素，确保它们处于适宜的范围内，以保障电池的质量和安全性。

（4）对电池进行严格的测试和筛选也是确保电池安全的重要手段

在电池制造完成后，应当对电池进行全面的性能测试和安全性能测试，如容量测试、内阻测试、过充过放测试等。只有通过这些测试的电池才能被认定为合格产品。同时，还需要对电池进行定期的抽样检测和维护保养，确保电池在使用过程中始终保持安全和可靠。

综上所述，制造过程中的安全控制是确保电池安全的关键所在。应当从原材料的质量控制、生产工艺的严格把控、生产环境的优化以及电池的测试和筛选等方面入手，全方位地保障电池的安全性和性能。这样才能生产出高质量、安全可靠的电池产品，以满足市场和消费者的需求。

6.5 电池故障诊断与监测

由前面章节可知，电池安全问题日益凸显，如内部短路、热失控等故障可能导致严重后果，因此，对电池进行故障诊断和监测尤为重要。

故障诊断是电气安全管理中不可或缺的一环。通过运用先进的检测技术和方法，能够及时检测出电池内部可能存在的问题。例如，对电池内部电压、电流、温度等关键参数进行实时监测，可以发现参数的异常变化，从而判断电池是否存在内部短路、老化等问题。此外，还可以采用先进的无损检测技术，如超声波检测、红外线检测等，对电池内部的结构和性能进行非破坏性的评估，为故障诊断提供更为准确和全面的依据。电池故障的诊断方法与流程如图 6-3 所示。

监测是对电池状态的持续追踪和评估，通过实时监测电池的工作状态和环境条件，可以及时发现潜在的安全隐患，并采取相应措施进行处理。例如，当监测到电池温度异常升高时，可立即采取电池热管理措施降低其温度，防止热失控的发生。同时，监测还可为电池的使用和维护提供重要参考，延长电池的使用寿命。

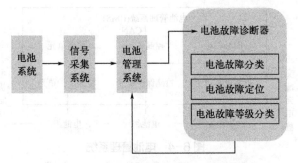

图 6-3　锂电池故障的诊断方法与流程

在故障诊断和监测的基础上，还需构建完善的电气安全管理体系，包括制定严苛的电池使用和维护规范，加强对电池生产、运输、使用等环节的监管，增强电池安全意识和应急处理能力等。只有这样才能更好地保障电池的安全使用，避免电池安全事故的发生。

综上所述，对电池进行故障诊断和监测是预防电池安全事故的重要手段。通过采用先进的检测技术和方法，能够及时发现电池的问题，并采取相应措施加以处理，确保电池的安全使用。同时，还需要建立完善的电池安全管理体系，以方便人们对电池的安全管理和对电池突发事故的应急处理。

6.6　电池防护措施

电池防护措施在维护电池安全方面发挥着极为关键的作用。目前，电池作为一种高效、便捷的能源存储和供应器件，已经在新能源汽车领域得到广泛运用。然而，电池的安全问题也逐渐浮出水面，正因如此，实施一系列高效的防护措施至关重要。

首先，装设电池管理系统（BMS）是保障电池安全的重要举措。BMS 能够实时监控电池的状态，包括电压、电流、温度等关键参数，并依据这些信息对电池的充放电进行预测，如图 6-4 所示。例如，在电池出现异常情况时，BMS 能够迅速采取措施以防止其失控，对于电动汽车而言，BMS 是必不可少的。

此外，运用防火材料同样是电池防护的关键措施之一。防火材料具备出色的阻燃性能，在电池发生热失控时，能够有效延缓火势的蔓延，从而降低事故所导致的损失。在选择防火材料时，需要考虑其阻燃性能、耐高温性能以及环保性能等诸多因素。

对于电动汽车而言，还需要设置电池热隔离等防护措施。电池热隔离技术

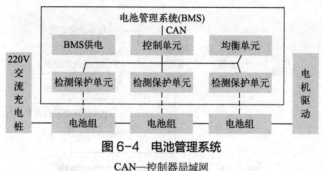

图 6-4　电池管理系统

CAN—控制器局域网

（如图 6-5 所示）通过在电池单体之间或电池模块之间设置热阻材料，降低电池之间的热传导效率，以防止电池热失控的发生。该技术能够有效降低电池事故对车辆和乘客所造成的危害，提升电动汽车的安全性。

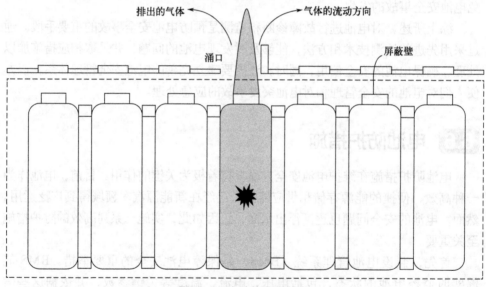

图 6-5　电池热隔离技术

　　除上述措施外，还需要强化电池的安全监管和维护工作。例如，定期对电池进行检查和维护，以确保其处于良好的工作状态。对于已经损坏或老化的电池，应及时进行更换，防止引发安全事故。此外，还应当建立完备的电池回收和处理机制，避免废旧电池对环境造成污染。

　　总之，电池防护措施是确保电池安全的关键手段。通过选择安全性能优良的电池、安装电池管理系统、使用防火材料以及设置电池热隔离等措施，能够有效减少电池事故的发生，保障人们的生命财产和汽车安全。

6.7 安全标准与法规

为切实保障人民的生命财产和汽车安全，维护社会的和谐稳定，各国纷纷制定了极为严格的电池安全标准和法规。

电池安全标准是一整套用以规定电池设计、制造、使用等方面要求的准则，而法规是由政府制定的具备法律效力的规定。这些标准和法规均是基于深入的科学研究和大量的实验数据而确立的，其宗旨在于预防和减少电池在使用过程中可能引发的安全事故。

以电动汽车所使用的锂离子电池为例，其安全标准通常涵盖了电池在电气安全、机械安全、热安全、化学安全等诸多方面的要求。比如，电池在过充、过放、短路、高温等极端条件下的安全性能，都需要经过严格的测试和评估。与此同时，在法规方面，各国政府通常会制定针对电池生产、销售、使用等环节的监管措施，如设定生产许可、制定市场准入标准、提出环保方面的要求等。

之所以需要了解并遵守这些标准和法规，原因有以下几点：

① 标准和法规是确保电池安全的重要依据。唯有符合标准和法规要求的电池，才能在一定程度上确保其在各种使用场景中的安全性。

② 遵守这些标准和法规也是企业履行社会责任的具体体现。企业应当积极践行社会责任，保障消费者的权益和安全。

③ 了解并遵守标准和法规，有助于推动电池行业的健康发展。通过制定和执行统一的标准和法规，可以促进电池技术的创新，提升产品的质量，推动产业的升级。

然而，仅仅了解和遵守标准和法规是不够的，还需要在实际操作中严格地执行这些标准和法规，确保每一个环节都符合要求。此外，还需要通过持续不断的研究和实践，持续提高电池的安全性能。例如，通过改进电池的材料、结构、制造工艺等方面，提升电池在耐受高温、抵抗短路等方面的能力。同时，还需要加强对电池的安全监管，建立健全安全管理体系，及时发现并处理电池安全隐患。

总之，遵守电池安全标准和法规是保障电池安全的重要措施。需要深入透彻地了解并严格遵守这些标准和法规，同时还需要在实践过程中不断提升电池的安全性能。只有这样，才能够切实地确保电池在各种使用场景中的安全性。

6.8 案例分析

电池安全问题长久以来一直都是科技领域高度关注的焦点之一，近些年来出现了数起电池安全事故，其中最为典型且具有代表性的，当属某知名新能源汽车品牌因电池问题而导致的燃爆事件。这一事件引发了巨大的社会反响，也使得人们对电动汽车电池安全问题给予了广泛的关注。经过深入调查，发现此次事故的主要成因在于电池内部出现短路以及过热的情况。这一典型案例提示我们，电池安全问题的形成原因往往与电池的设计、制造和使用等众多环节紧密相关。

在电池的设计层面，合理的结构设计以及材料选择对于确保电池安全至关重要。具体而言，电池内部的隔膜必须具备优良的绝缘性能，以有效防止电池内部出现短路等情况。此外，电池外壳的强度以及耐腐蚀性同样也是保障电池安全的关键要素。

在电池制造的过程中，严格的质量把控是确保电池安全的关键所在。制造过程务必遵循严苛的生产标准，确保每一个生产环节都完全符合安全要求。此外，定期对生产线进行细致的检查和精心的维护，及时发现并解决存在的问题，也是保障电池安全的重要举措。

综上所述，电池安全属于一个涉及众多方面的复杂问题。需要从设计、制造、使用等多个环节进行全方位的考量，方能确保电池的安全性。与此同时，也需要持续学习并深入研究，以从容应对电池安全领域所面临的崭新挑战。通过对实际案例展开分析，能够更加深入且全面地理解电池安全问题的成因和解决方案，为未来的电池安全研究提供参考。

除了上述案例之外，还有众多其他的电池安全事故同样值得关注。例如，电动汽车的电池具备较大的容量以及较高的能量密度，一旦发生事故，其所导致的后果将不堪设想。因此，电动汽车电池的安全设计、制造和使用同样需要引起我们的高度重视。

总之，电池安全问题的研究是一项长期且艰巨的任务。需要从多个角度着手，全面考量电池的安全问题。同时，我们也需要不断学习和研究，以有效应对电池安全领域的新挑战。通过对实际案例进行分析，可以更加深入地理解电池安全问题的实际情况，为未来的电池安全研究和应用提供强有力的支撑。

 总结

本章深入地探讨了电池安全与防护所具有的重要意义，其涵盖的内容丰富多样，包括电池具体构造的解析、工作原理的详细剖析、风险评估的全面考量、材料与结构安全的深入探究、制造过程中所需的安全控制措施等各个方面。这种全方位的安全控制措施能够确保电池的安全性能，进而为人们提供安全且高效的新能源汽车能源解决方案。各国政府都制定了极为严格的电池安全标准和法规，以保障电池的安全性，促进整个行业的健康发展，并充分体现企业的社会责任。通过对实际案例展开分析，为未来的电池安全研究和应用提供了诸多有益的启示。

复习题

1. 如何降低电池内部短路的风险？
2. 电池热失控的原因是什么？
3. 如何预防电池爆炸？
4. 电池制造过程中的安全控制措施有哪些？

第7章

动力电池测试与评估

🔄 导语

　　动力电池作为在现代电动汽车、混合动力汽车等各类新型交通工具中占据核心地位的组件，其所具备的性能和具有的质量会直接与车辆的整体性能和安全性产生紧密关联。正因如此，针对动力电池展开全面且严格的测试与评估，可以说是极其关键且重要的。本章将会展开详细的介绍，内容涵盖动力电池性能测试方法、循环寿命测试、安全性测试与评估，以及环境适应性测试等多个方面。

 电池性能测试方法

　　电池性能测试在动力电池的研发及生产进程中的地位可谓至关重要。这些测试不仅能够切实保障电池的质量与性能，还为后续产品的改良及优化给予了关键的依据。动力电池的测试包括电性能测试和安全性能测试（图7-1）。其中，电性能测试又包括电压、容量、长循环性能、内阻、功率密度和能量密度等的测试；而安全性能测试又分为针刺、挤压、撞击、跌落、短路和热性能等的测试。

　　（1）容量测试

　　容量测试是评估电池储能能力的基础所在。容量测试通常是以安时（A·h）或者毫安时（mA·h）作为单位，借由测量电池在特定条件之下能够储存的电量，来评定电池性能表现。这一测试方法对于确保电池在实际运用中的续航能力以及稳定性来说，重要性不言而喻。在实际的应用场景中，新能源汽车领域对于电池续航能力的要求与日俱增，而容量测试的重要性自然也就不言而明。在锂电池的

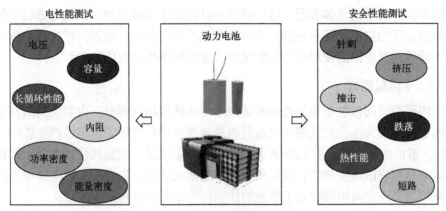

图 7-1 动力电池常见的性能测试

充电过程中，恒流充电通常与恒压充电相结合，形成恒流恒压充电法。在恒流（CC）阶段，电池以设定的电流进行充电，直到电池端电压达到一定的上限电压；然后切换到恒压（CV）阶段，此时电池以恒定电压充电，充电电流不断减小，直到达到充电截止电压。这种充电方法结合了恒流充电和恒压充电的优点，可以更好地满足锂电池的充电需求。恒流充电原理基于欧姆定律，即电流（I）与电压（U）和电阻（R）之间的关系：$I=U/R$。在恒流充电中，通过调节充电电路中的电压来保持电流恒定，即使电池内部电阻在充电过程中会变化，电流仍然保持不变（图 7-2）。

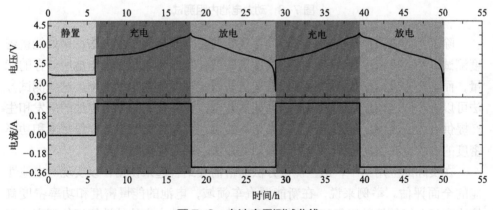

图 7-2 电池容量测试曲线

（2）充放电性能测试

充放电性能测试是评估电池于实际应用中性能展现的关键一环。在此测试过程中，研究人员会研究不同充放电速率下的电池性能，从而得以全面知晓电池在实际工作环境中的具体表现。这一测试不仅有助于发现电池在充放电进程中的潜在问题，还为电池的优化与改进提供了重要的参考依据。通过持续优化充放电性能，能够提升电池的使用寿命和稳定性，进而增强用户的体验。

（3）内阻测试

内阻测试同样也是电池性能测试中不可或缺的组成部分。内阻所指的乃是电池内部电阻的大小，它直接对电池的能量转换效率以及性能稳定性产生影响（图7-3）。借由内阻测试，我们能够了解电池的健康状况，预测其使用寿命，并在必要时采取相应的维护举措。内阻的大小与电池的老化、温度、充放电速率等因素紧密相关，因此内阻测试对于电池的性能评估和维护具有重要的意义。

图 7-3　动力电池内阻测试

除了上述基本测试方法之外，尚存在一些更为繁复的测试方法，诸如能量密度测试以及功率密度测试等。能量密度即单位体积或者单位质量电池所储存的能量，而功率密度则指代单位体积或者单位质量电池所能输出的功率。这些测试方法可以从不同的角度对动力电池的性能展开全方位评估，为动力电池的研发和生产提供有力的支撑。伴随新能源汽车市场的迅速发展，对于电池能量密度和功率密度的要求也在不断提高，因此这些测试方法的应用也日益广泛。

在实际的应用当中，这些测试方法通常需要结合起来使用，以实现对电池性能的全面评估。举例来说，在新能源汽车领域，电池的能量密度和功率密度直接决定了车辆的续航里程和加速性能。因此，对于动力电池的性能评估而言，能量密度和功率密度测试显得至关重要。与此同时，伴随科技的持续进步，电池性能测试方法也在不断发展和完善。比如，近些年来新兴起的电化学阻抗谱（EIS）测试方法，可以通过测量电池在不同频率下的阻抗响应，进一步揭示电池内部的电化学过程和性能衰减的机制（图7-4）。这一测试方法对于深入了解电池性能衰减的原因、预测电池寿命以及指导电池维护等方面均具有重要的意义。

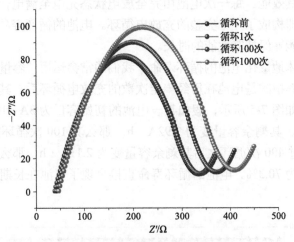

图 7-4 电化学阻抗谱测试方法

伴随科技的快速发展以及新能源汽车市场的不断扩张，电池性能测试方法将继续得到优化与创新。一方面，传统的测试方法将不断获得改进与完善，以提升测试的精确性和效率；另一方面，新的测试方法和技术也将源源不断地涌现，诸如基于人工智能和大数据的电池性能预测以及优化技术等，为动力电池产业的可持续发展注入全新的活力。

电池性能测试在评估动力电池性能方面具有不可小觑的作用。通过综合运用各种测试方法和技术手段，我们能够全面、精确地评估电池的性能，为电池的研发和生产提供强有力的支持。伴随科技的不断发展，我们坚信电池性能测试方法将不断完善与创新，为动力电池产业注入新的发展动能，促进产业长期发展。

7.2 循环寿命测试

随着全球对环境保护和可持续发展的愈发重视，新能源汽车已然逐步成为交通出行的关键选项。而作为新能源汽车的核心构成，动力电池的性能好坏会直接关乎整车的续航里程、使用时长以及经济效益。在众多性能指标当中，循环寿命无疑是评判动力电池性能的一项重要尺度。

7.2.1 循环寿命定义

电池循环寿命，又被称作电池的循环次数，是评估电池耐用程度的重要指标。电池循环寿命主要描述的是电池在历经多次充放电循环后，依旧能够保持原始性能的能力。简单来说，电池循环寿命能够告知我们电池可承受多少次充放电循环且不损失其效能。每一次电池由完全放电状态充电至满电，接着放电至完全耗尽的过程，即构成了一个完整的充放电循环。电池的循环寿命便是在这一循环过程中，电池能够保持其性能的时长。

为了更具体地量化电池的循环寿命，我们通常会运用"容量保持率"这一指标。容量保持率指的是电池在历经一定次数的充放电循环后，其剩余容量与初始容量的比值。如图 7-5 所示，假如某一电池的初始容量为 $3A \cdot h$，在经过 100 次充放电循环后，其剩余容量变为 $2.92A \cdot h$，那么其 100 次循环的容量保持率即为 97.3%。经过 400 次循环之后其剩余容量变为 $2.11A \cdot h$，那么其 400 次循环的容量保持率即为 70.3%。电池的循环寿命直接呈现了电池在长期运用过程中的性能衰减程度。

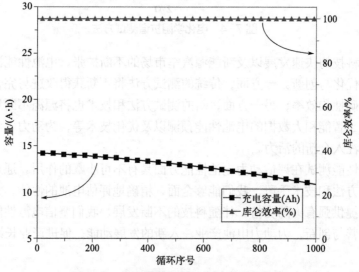

图 7-5　电池容量与循环次数之间的关系

电池的循环寿命会受到多种因素的影响，涵盖但不限于电池的化学特性、制造工艺、使用环境以及使用方式等。例如，锂离子电池的循环寿命往往会受到温度、充放电速率、放电深度等因素的影响。在高温或低温环境中，电池的循环寿命或许会降低。与此同时，若电池常常以高速率进行充放电，或者放电深度过深，均会促使电池的老化加速，降低其循环寿命。以手机电池为例，有些用户习惯在充电时还继续使用手机，导致电池长期处于边充边放的状态，这会极大地影响电池的循环寿命。又如在一些高寒地区，由于温度过低，新能源汽车的电池续航能力会明显下降，循环寿命也会相应缩短。

对于电池用户而言，了解并掌握影响电池循环寿命的要素，以及如何在日常使用中避免对电池造成过度损耗，都显得至关重要。这不仅能够延长电池的使用寿命，还可以防止因电池性能衰减而引发的设备故障或安全隐患。电池循环寿命是评估电池性能的关键指标，其反映了电池在长期使用中的耐用程度。通过了解影响电池循环寿命的因素，以及在日常使用中如何保护电池，我们能够有效地延长电池的使用寿命，提升设备的稳定性和安全性。

7.2.2　循环寿命评估方法

为了准确评估电池的循环寿命，需要进行循环寿命测试。这种测试通过对电池进行大量的充放电循环，观察其性能衰减情况，从而评估其循环寿命。在进行循环寿命测试时，我们需要严格控制测试条件，如充放电速率、温度等，以保证测试结果的准确性和可靠性。此外，我们还需要对测试数据进行详细记录和分析，以找出电池性能衰减的原因和规律。

具体而言，循环寿命测试可以分为以下几个步骤。

① 选择合适的测试设备和测试环境，确保测试条件的稳定性和可控性。这包括选择高精度的充放电设备、恒温恒湿的环境等。在进行电池性能测试时，确保测试条件的稳定性和可控性是至关重要的。这要求我们精心挑选合适的测试设备和测试环境，以提供准确且可靠的测试数据。

高精度的充放电设备是电池性能测试的关键。选择这样的设备时，我们应考虑其测量精度、稳定性、可靠性以及操作简便性。高精度的充放电设备（图 7-6）能够确保电池在充电和放电过程中的电压、电流等参数被准确记录，从而为我们提供准确的电池性能数据。此外，设备的稳定性也非常重要，可以避免因设备故障或误差导致的测试数据波动。

一个恒温恒湿的环境可以确保电池在测试过程中的温度和湿度保持恒定，从而排除这些环境因素对电池性能的影响。例如，高温可能会导致电池热失控，而低温则可能导致电池性能下降。因此，为了确保测试结果的准确性，我们需要在恒温恒湿的环境中进行测试。此外，为了确保测试条件的稳定性和可控性，我们还可以采取一些额外的措施。例如，我们可以定期对测试设备进行维护和校准，以确保其准确性和稳定性。同时，我们还可以建立严格的测试流程和规范，确保测试过程中的每一步都按照规定的步骤进行。综上所述，选择合适的测试设备和测试环境是确保电池性能测试条件稳定性和可控性的关键。通过选择高精度的充放电设备、建立恒温恒湿的测试环境以及采取额外的措施，我们可以获得准确且可靠的测试数据，从而为电池的性能评估和优化提供有力的支持。

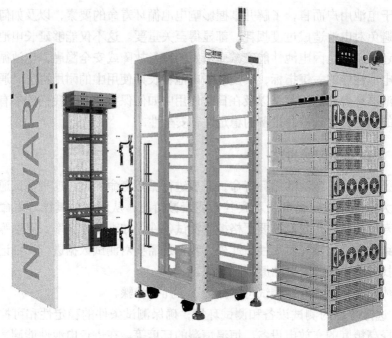

图7-6　高精度的充放电设备

② 设定充放电速率、温度等测试参数，研究电池在实际使用中的充放电过程。在电池性能测试中，设定合理的充放电速率和温度等参数是至关重要的，因为它们直接影响着研究结果的准确性和可靠性。这些参数的选择应尽可能接近电池在实际应用中的工作条件，以便更准确地预测电池在实际使用中的性能表现。

充放电速率是电池性能测试中的一个关键参数。充放电速率过快可能导致电池内部产生过大的热量和压力，从而缩短电池的寿命甚至引发安全问题。当充放电电流增加时，电池充放电速率会增加，电池可以更快地充满电、放完电，但是，电池的容量会降低（图7-7）。

电池在高温或低温环境下工作时，其性能也会发生显著变化。因此，在研究电池充放电过程时，应根据实际应用场景选择合适的温度范围。同时，还应考虑电池在工作过程中可能产生的热量对温度的影响，以确保研究结果的准确性。除了充放电速率和温度外，还有其他一些测试参数也需要考虑，如充放电循环次数、荷电状态（SOC）等。这些参数的选择也应尽可能接近电池在实际应用中的工作条件。例如，对于需要长时间使用的电池，可能需要研究更多的充放电循环次数以评估电池的寿命；而对于需要频繁充放电的电池，则需要关注其在不同荷电状态下的性能表现。

在研究电池在实际使用中的充放电过程时，应综合考虑各种因素并选择合适

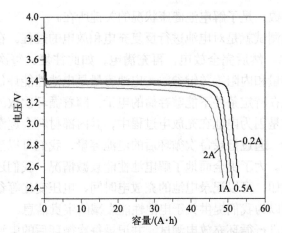

图 7-7　动力电池在不同电流下的放电曲线

的测试参数。这样不仅可以提高研究结果的准确性和可靠性，还可以为电池的设计和优化提供更有价值的参考依据。同时，随着科技的不断进步和电池技术的不断发展，还需要不断更新和完善测试方法和参数设置，以更好地适应未来电池应用的需求和挑战。

　　在设定测试参数时，还需要考虑测试设备的精度和稳定性。因为测试设备的性能也会对研究结果产生影响。例如，如果测试设备的精度不够高，可能会导致研究结果的误差较大；而如果测试设备的稳定性不够好，则可能会导致研究过程中出现数据波动或其他异常现象。因此，在选择测试设备时，应选择性能稳定、精度高的设备，以确保研究结果的准确性和可靠性。为了更好地研究电池在实际使用中的充放电过程，还可以考虑引入一些先进的研究方法和技术。例如，可以利用有限元分析（FEA）等方法对电池内部的温度分布、应力分布等进行更精确的研究；也可以利用机器学习等技术对电池性能进行预测和优化。这些先进的方法和技术可以为电池性能测试提供更全面、更深入的支持和帮助。

　　设定充放电速率、温度等测试参数是电池性能测试中的重要环节。通过合理选择参数、使用高性能的测试设备和引入先进的研究方法和技术，我们可以更准确地研究电池在实际使用中的充放电过程，为电池的设计和优化提供更有价值的参考依据。这将有助于推动电池技术的不断发展和进步，为人们的生产和生活带来更多便利和福祉。

　　③ 对电池进行循环充放电，记录每次循环后的电池容量、内阻等关键参数。这些参数的变化可以反映电池性能的衰减情况。在电池性能评估中，循环充放电测试是一个至关重要的环节。通过研究电池在实际使用中的充放电过程，我们可以获取到关于电池性能衰减的数据。在这一过程中，记录每次循环后的电池容量

和内阻等关键参数，是了解电池健康状况的关键所在。

循环充放电测试就是对电池进行反复充电和放电的过程。在实际操作中，我们将电池充满电，然后完全放电，再充满电，如此往复。每次循环后，我们都会记录电池的容量和内阻等关键参数。电池容量是电池性能评估中的一个重要指标。它表示电池在特定条件下能够存储的电量。随着循环次数的增加，电池容量会逐渐减少。这是因为电池在充放电过程中，其内部材料会逐渐老化、失效，导致电池容量下降。通过记录每次循环后的电池容量，我们可以清晰地观察到电池性能的衰减趋势。为了更全面地了解电池性能衰减情况，我们还可以结合其他参数进行分析。例如，可以记录电池的充放电时间、电压变化等参数。这些参数的变化情况，也可以为我们提供关于电池性能衰减的宝贵信息。

通过对电池进行循环充放电测试，并记录每次循环后的电池容量、内阻等关键参数，我们可以全面地了解电池性能的衰减情况。这些数据不仅可以帮助我们评估电池的健康状况，还可以为电池的优化设计提供有力支持。在未来的研究中，我们还可以通过进一步分析这些参数的变化规律，探索电池性能衰减的机理，为开发更高性能的电池提供理论依据。同时，这些数据也可以为电池的使用和维护提供指导，帮助用户更好地延长电池的使用寿命，提高电池的使用效率。因此，循环充放电测试在电池性能评估中具有不可替代的重要作用。

④ 深入探索测试数据，精心绘制电池容量保持率与循环次数之间的变化曲线，旨在全面评估电池的循环寿命。这一曲线图不仅提供了电池在不同循环次数下的性能表现的直观印象，更是对电池寿命进行科学量化的重要工具。

在电池技术日新月异的今天，循环寿命成为评估电池性能不可忽视的重要指标。通过深入分析测试数据，我们能够更准确地了解电池在实际使用中的表现。

在绘制变化曲线的过程中，我们采用了科学的数据处理方法和先进的绘图技术。首先，对收集到的测试数据进行严格的分析和筛选，确保数据的准确性和可靠性。然后，运用统计学和数据分析的知识，对数据进行处理和分析，揭示电池容量保持率与循环次数之间的内在关系。最后，借助专业的绘图软件，将分析结果以曲线的形式呈现出来，使得电池循环寿命的评估结果更加直观和易于理解。通过这一变化曲线，我们可以清晰地看到电池在不同循环次数下的性能表现。曲线的走势反映了电池容量保持率的变化趋势，而曲线上的每一个点都代表了电池在特定循环次数下的性能数据。这些数据为我们提供了宝贵的参考信息，帮助我们了解电池的循环寿命，并为电池的优化和改进提供依据。

通过分析测试数据并绘制电池容量保持率随循环次数的变化曲线，我们能够全面评估电池的循环寿命。这一方法不仅具有科学依据，而且直观易懂，对于电池的性能评估和优化具有重要意义。在未来的电池技术研发中，我们应继续加强对测试数据的分析，提高评估结果的准确性和可靠性，为推动电池技术的进步贡献力量。

7.2.3　电池循环寿命的影响因素深度分析

电池作为现代科技领域中不可或缺的能量储存装置，其循环寿命是评估电池性能的重要指标之一。影响电池循环寿命的因素众多，包括电池材料、设计、使用环境和制造工艺等。动力电池的性能衰减内部影响因素与正极材料、负极材料和电解液有关（图 7-8）。

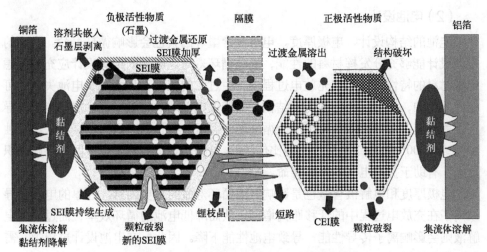

图 7-8　动力电池性能衰减的内部影响因素

（1）电池材料

电池材料是影响电池循环寿命的关键因素之一。正极材料、负极材料和电解液等材料的性能直接决定了电池的循环寿命。因此，选用高性能的材料是提高电池循环寿命的关键。

正极材料是电池中最重要的材料之一，其性能直接影响电池的容量和循环寿命。目前常用的正极材料有钴酸锂、锰酸锂、磷酸铁锂等。这些材料各有优缺点，选用时需要综合考虑其性能、成本和环保等因素。以钴酸锂为例，其具有较高的能量密度和较好的循环性能，但成本较高且存在一定的安全隐患。相比之下，磷酸铁锂则具有更高的安全性和更长的循环寿命，但其能量密度较低。因此，在选用正极材料时，需要根据具体应用场景和需求进行综合考虑。

负极材料则主要负责储存和释放电子。常见的负极材料有石墨、硅基材料等。其中，硅基材料具有较高的能量密度和较低的成本，但其在充放电过程中体积变化较大，容易导致电池失效。因此，在选用负极材料时，需要权衡其能量密度、循环稳定性和成本等因素。

电解液作为电池中离子传输的介质，其性能对电池循环寿命也有重要影响。选用具有高离子传导性能、高化学稳定性和低成本的电解液是提高电池循环寿命的重要手段。例如，传统的电解液通常采用有机溶剂和锂盐作为主要成分，但这些电解液存在易燃、易挥发等安全隐患。近年来，一些新型电解液材料如固态电解质、离子液体等得到了广泛关注。这些新型电解液材料具有更高的安全性和更好的循环性能，有助于提高电池的循环寿命。

（2）电池设计

电池的结构设计、电极厚度、电解液含量等因素也会影响循环寿命。合理的电池设计能够充分发挥材料的性能，提高循环寿命。电池的结构设计应充分考虑电极材料的特性，避免在充放电过程中产生过大的应力，从而减少电池失效的可能性。例如，通过优化电池内部结构，如增加电极间的接触面积、提高电极的导电性等措施，可以有效提高电池的循环寿命。以特斯拉的电池为例，其采用了独特的"21700"电池结构设计，相比传统的"18650"电池，其电极间的接触面积更大，有助于提高电池的循环寿命。

电极厚度和电解液含量也是影响电池循环寿命的重要因素。过厚的电极会导致离子在充放电过程中的迁移距离增加，从而降低电池的循环效率；而过少的电解液则会影响离子传导性能，导致电池性能下降。因此，在电池设计过程中，需要根据所选材料和实际应用场景，合理确定电极厚度和电解液含量。

（3）使用环境

充放电速率、温度等使用环境因素也会对循环寿命产生影响。在高温或低温环境下，电池的循环寿命可能会降低。因此，在实际应用中，应根据环境条件选择合适的电池类型和充放电策略。例如，在高温环境下，电池内部的化学反应速度会加快，可能导致电池失效。此时，可以选用具有较高热稳定性的材料和设计，以降低高温对电池性能的影响。在低温环境下，电解液的离子传导性能会降低，影响电池的充放电效率。此时，可以通过优化电池结构、提高电解液浓度等措施来改善低温性能。此外，充放电速率也是影响电池循环寿命的重要因素。过快的充放电速率可能导致电池内部产生过大的应力，从而缩短循环寿命。因此，在实际应用中，应根据电池类型和所选材料的特性，选择合适的充放电速率。

（4）制造工艺

电池的制造工艺水平直接影响到电池的循环寿命。提高制造工艺的稳定性和一致性，有助于延长电池的循环寿命。电极制备工艺对电池性能具有重要影响。优化电极制备工艺，如提高电极材料的均匀性、减少杂质含量等，可以提高电极的性能和稳定性，从而延长电池的循环寿命。例如，宁德时代通过采用先进的自动化生产线和严格的质量控制体系，实现了电极制备工艺的高度一致性和稳定性，从而提高了电池的循环寿命。电解液的纯度和稳定性也是影响电池循环寿命的关键因素。提高电解液的纯度、减少水分和杂质含量，以及优化电解液的配方，都可以提高电池的循环寿命。此外，电池组装过程中的洁净度和密封性也是影响电池循环寿命的重要因素。在组装过程中，需要严格控制洁净度，避免杂质和水分进入电池内部；同时，确保电池密封性良好，防止电解液泄漏和电池失效。

影响电池循环寿命的因素众多，包括电池材料、电池设计、使用环境和制造工艺等。为了提高电池的循环寿命，需要综合考虑这些因素，选用高性能的材料和设计，优化制造工艺和使用环境，以实现电池性能的最大化。随着科技的不断发展，未来我们有望看到更加先进、高效的电池技术问世，为我们的生活带来更多便利和可能。

7.3 安全性测试与评估

动力电池作为现代电动汽车的核心组件，其安全性至关重要。它不仅关系到每位乘客的生命安全，也与整个交通系统的稳定性和可靠性息息相关。因此，对动力电池进行严格的安全性测试与评估，成为电动汽车产业发展中不可或缺的一环。

安全性测试与评估的目的在于确保电池在各种极端和不利条件下，如高温、低温、高湿度、干燥环境，以及机械冲击、振动等，都能保持安全稳定的工作状态。这些测试不仅是对电池安全性能的全面检验，更是为消费者提供更安全、更可靠的电动汽车产品的有力保障。

锂离子电池安全事故大多以热失控方式发生（图 7-9），其基本特征是：大多由最初的内短路产生热量，由于电池的导热性较差，热量积累推高电池的温度，当温度升高至引发电池内部的链式化学反应时，电池温升将逐渐加速，直至电池内化学反应放热量极大，任何散热手段都无法阻止电池温升，即电池发生热失控。因此，动力电池作为储能器件，必须通过安全性测试。

在众多的安全性测试中，过充/过放测试是其中最为关键的一项。过充，即电池在充满电后继续接受充电，这种情况下，电池内部的压力和温度可能会迅速上升，从而引发爆炸或起火等危险情况。通过过充测试，我们可以观察到电池

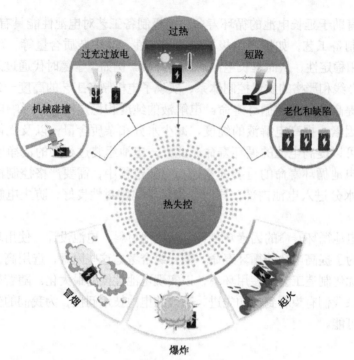

图 7-9　动力电池热失控因素以及危害

在过充状态下的表现，从而评估其安全性能。过放，即电池在放电过程中电压过低，这可能导致电池内部的结构发生变化，从而影响其安全性能。过放测试通过研究电池放电至极低电压的情况，观察电池的表现，以评估其安全性能。同样，如果电池在过放过程中表现出异常，那么我们就需要对其进行改进，以提高其安全性能。

导致动力电池热失控的另一个因素是电池短路。短路，是指电池正负极之间意外地形成低阻抗通路，这可能导致电池瞬间产生大量热量和气体，从而引发燃爆。短路测试（图 7-10）通过研究电池内部短路的情况，测试电池在这种情况下的安全性能。这种测试可以直观地反映出电池在短路情况下的表现，为我们提供重要的安全性能评估依据。

针刺测试则是一种更为极端的测试方法。它通过在电池表面刺入金属针，

图 7-10　短路测试

研究电池内部短路和燃爆的情况，见图 7-11。这种测试方法可以更直观地观察电池在极端情况下的表现，从而评估其安全性能。虽然这种方法可能会对电池造成一定的损伤，但它对于评估电池的安全性能具有重要意义。

在实际应用中，这些安全性测试对于确保动力电池在实际使用中的安全性至关重要。通过对测试数据的分析和研究，我们还可以深入了解电池在不同条件下的性能表现，为电池的安全设计和改进提供有益参考。例如，如果发现电

图 7-11　动力电池针刺测试设备

池在某种特定条件下表现出较差的安全性能，我们就可以针对这种情况进行优化和改进，从而提高电池的安全性和可靠性。

随着电池技术的不断发展和进步，安全性测试与评估的方法和技术也需要不断更新和完善。随着电池能量密度的提高和新型材料的应用，我们可能需要开发更加严格和高效的测试方法来评估电池的安全性能。这不仅可以确保电动汽车的安全性和可靠性，还可以推动电池技术的持续发展和进步。

动力电池的安全性测试与评估是确保电动汽车安全、可靠运行的重要环节。通过全面、严谨的测试和分析，我们可以深入了解电池的安全性能，为消费者提供更加安全、可靠的电动汽车产品。同时，这也为电池技术的持续发展和进步提供了有力保障。在未来的电动汽车产业发展中，我们期待看到更加安全、高效的电池产品问世，为人们的出行提供更加安全、便捷的解决方案。

7.4　环境适应性测试

环境适应性测试在动力电池性能评估中扮演着至关重要的角色，这一点在实际应用中得到了充分的验证。以某电动汽车品牌为例，该品牌在车型研发过程中，对动力电池进行了严格的环境适应性测试。他们将电池组放置在高温、低温、高湿度、高海拔等极端环境条件下，进行长时间的充放电循环测试，以确保电池在各种恶劣环境下仍能保持良好的性能。

环境适应性测试在动力电池性能评估中具有不可替代的重要性。通过综合运用各种测试方法和手段，我们可以全面评估动力电池在不同环境条件下的性能表现，为电池的研发和生产提供有力支持。随着技术的不断进步和电池技术的不断

发展，我们有理由相信，动力电池的测试与评估方法将不断完善和优化，为新型交通工具的发展提供更加可靠和高效的电池解决方案。

 总结

在现代社会，动力电池的重要性不言而喻。无论是电动汽车、混合动力汽车还是其他新型交通工具，动力电池都是其核心部件之一。因此，对动力电池进行全面、准确的测试与评估，对于确保这些交通工具的安全性、可靠性等性能至关重要。

在新能源汽车的研发过程中，需要对动力电池进行严格的测试和评估。可以采用先进的测试设备和方法，对电池的容量、充放电性能、内阻等进行全面测试。通过这些测试，不仅确保了电池的质量和性能，还深入了解了电池的循环寿命和影响因素。这些测试结果为电池的研发和生产提供了重要的参考依据，不断优化电池的设计和制造工艺，提高电池的性能和可靠性。随着科技的不断发展，新型动力电池技术将不断问世，为我们的生活带来更多便利和可能。例如，固态电池、锂硫电池等新型动力电池技术正在不断发展和成熟。这些新型动力电池技术具有更高的能量密度、更长的循环寿命和更好的安全性能，将为电动汽车、混合动力汽车等新型交通工具的发展提供更广阔的前景。

动力电池测试与评估是确保电动汽车、混合动力汽车等新型交通工具安全性、可靠性等性能的关键环节。通过对动力电池进行全面、准确的测试与评估，我们可以深入了解电池的性能和寿命，为电池的研发和生产提供有力的支持。随着科技的不断发展，新型动力电池技术将不断问世，为我们的生活带来更多便利和可能。

 复习题

1. 循环寿命的概念是什么？
2. 循环寿命测试的重要性是什么？
3. 环境适应性测试的目的是什么？
4. 过充测试的目的是什么？
5. 过放测试的目的是什么？
6. 短路测试的目的是什么？

第 8 章

电池管理系统

 导语

  电池管理系统（battery management system, BMS）在电动汽车、混合动力汽车以及其他新能源汽车中发挥着至关重要的作用。BMS 主要负责监控、管理和控制电池组的运行状态，以确保电池的安全、高效和长寿命运行。本章将详细讨论 BMS的主要功能、架构及其各个组成部分，并通过实际案例来展示其应用和重要性。

8.1 电池管理系统的功能与架构

  电池管理系统（BMS）是电动汽车动力系统和各类储能系统中重要的组成部分，负责监控、管理和保护电池的运行状态，确保电池安全、高效和持久运行。BMS 的主要功能涵盖多个方面，其功能与架构如图 8-1 所示。

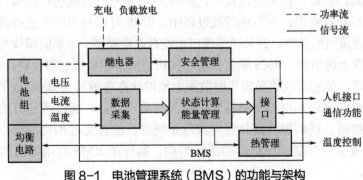

图 8-1　电池管理系统（BMS）的功能与架构

首先，BMS 的核心职责是监控电池状态。它通过实时监测电池的电压、电流、温度等关键参数，以及电池的荷电状态（SOC）和健康状态（SOH）来提供准确的反馈信息，确保电池在各种运行条件下能够安全高效地运行。BMS 不仅能为车辆管理系统和驾驶员提供电池当前的状况信息，还可在电池出现异常或故障时迅速采取措施，以防止电池损坏或引发安全事故。例如，在电动汽车中，BMS 系统会实时监测电池的温度，并在必要时启动冷却系统，以防止电池过热。这种实时监测和保护功能有效地延长了电池的寿命，可有效提高电池的安全性。

其次，BMS 负责管理电池的充放电过程。它通过控制充放电速率来防止电池过充或过放，从而延长电池的使用寿命。同时，BMS 还会平衡电池组中各单体电池的电压和温度，以确保电池组的整体性能。在电动汽车中，BMS 系统会根据电池的荷电状态和健康状态来调整电池的充放电策略，以延长电池的寿命。

BMS 还能够保护电池免受损坏。在电池出现异常或故障时，BMS 能够迅速做出响应，采取必要的措施以防止电池损坏或引发安全事故。例如，在电池温度过高时，BMS 可以启动冷却系统以降低温度；在电池出现短路等严重故障时，BMS 可以切断电池与车辆其他部分的连接，以防止事故扩大。

此外，BMS 还致力于优化电池性能。通过智能算法和数据分析，BMS 可以预测电池的未来性能，为车辆管理系统提供决策支持。例如，在预测到电池即将达到最佳充放电状态时，BMS 可以向车辆管理系统发送信号，以调整车辆的运行策略，从而提高电池的能量利用效率和车辆的续航里程。在电动汽车中，BMS 系统会根据电池的历史数据和当前状态来预测电池的未来性能，向车辆管理系统发送信号，以调整车辆的运行策略。这种优化功能能有效提高电池的能量利用效率，延长电池的使用寿命。

最后，BMS 提供了与车辆其他系统的通信接口，如图 8-2 所示。这使得BMS 能够与车辆的其他部分（如发动机、电动机、充电设施等）实现无缝对接和高效协同。例如，在充电过程中，BMS 可以与充电设施进行通信，以确保电池的安全和高效充电。在车辆行驶过程中，BMS 可以与电动机进行通信，以优化电池的能量利用效率。这种通信接口功能有效地提高了车辆的整体性能。

为实现上述功能，BMS 通常由多个模块组成，包括传感器模块、控制模块、通信模块等。传感器模块负责实时监测电池的状态参数，为 BMS 提供准确的数据支持；控制模块则根据传感器数据和其他输入信息，通过智能算法对电池进行管理和控制；通信模块则负责与其他系统进行信息交互和协同工作。这些模块共同构成了一个复杂而精细的系统架构，确保了 BMS 对电池组实现有效管理和控制。

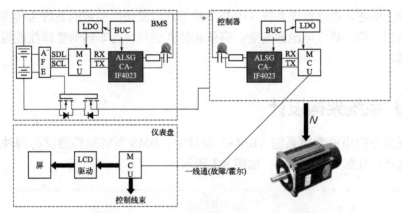

图 8-2　BMS 与车辆其他系统的通信接口

注：① battery management system（BMS，电池管理系统）：该系统在电池技术领域中通常是指 battery management system，它是用于管理和监控电池的设备或系统，BMS 负责监测电池的状态、温度、电压、充放电情况等，以确保电池的安全运行和最佳性能。

② battery unit controller（BUC）：这是一种控制电池组中各个电池单元的控制器，负责监测和管理每个电池单元的状态和性能。

③ 在电池管理系统（BMS）中，"LDO"是一个常见的缩写，它指的是低压差稳压器（low dropout regulator），主要用于提供稳定的输出电压，尤其是在输入电压只比输出电压高出很少的情况下。在电池管理系统中，LDO 的作用通常是将电池供应的电压（通常在较高范围）降至需要的较低电压，以供给其他电路和组件。例如，将电池的输出电压降至微控制器或传感器所需的工作电压。

④ 在电池管理系统（BMS）中，"AFE"是模拟前端（analog front end）的缩写，是指在电池管理系统中用于处理和转换模拟信号的电路部分。

⑤ serial data line（SDL）：在电子设备和通信领域中，SDL 是一种用于传输数据的通信线路。在某些电池管理系统中，串行数据线用于传输监测和控制电池状态的数据。

⑥ serial clock line（SCL）：在电子设备和通信领域中，SCL 是指串行时钟线（serial clock line），用于同步数据传输。在电池管理系统中，如果使用了 I2C（inter-integrated circuit）或其他串行通信协议，SCL 将用于同步数据的传输。

⑦ "MCU"是指微控制器（microcontroller unit）。微控制器是一种集成了处理器核心、存储器和各种输入输出接口的小型计算机系统。

⑧ RX 是接收器（receiver）的缩写。在电池管理系统中，特定的模块或设备可能有接收数据的功能，RX 通常接收来自其他设备或传感器的数据，例如电池组内部的各种监测数据（如电压、电流、温度等）或外部系统发送的控制命令。

⑨ TX 是发送器（transmitter）的缩写。在电池管理系统中，TX 可能指向外部系统发送数据或命令的部件或功能。例如，电池管理系统可能通过 TX 发送电池状态报告或控制命令给外部设备或系统，如车辆控制系统或电网接口。

⑩ automatic load shedding generator（ALSG）：ALSG 是自动负荷切换发电机的缩写。在电力系统中，ALSG 用于电网中，在高负荷或电力供应不足时自动管理和平衡电力负载的系统。它通过切断非关键负载来防止电网超载或崩溃，确保关键设备的供电不中断。

⑪ cell analyzer：CA 可能指电池单元分析器（cell analyzer），用于监测和分析电池单元的状态、性能和健康状况。这种设备通常能够测量电池单元的电压、电流、温度等参数，并生成报告或警报以指示电池的健康状态。

⑫ charge acceptance：在电池管理系统中，CA 可能指电池的充电接受性（charge acceptance）。这是一个指标，表示电池当前可以接受的充电速率或充电量。

⑬ current amplification：CA 可能指电流放大（current amplification），在某些电池管理系统中，可能会用电流放大器来增强电流信号的强度或精度。

综上所述，电池管理系统（BMS）能够通过复杂而精细的系统架构和多个模块的协同工作，确保电池的安全、高效和持久运行，为车辆的整体性能提供了有力保障。

8.2 系统架构设计

在当今的电池管理系统（BMS）设计中，BMS 系统架构通常有两种主流的结构选择：分布式和集中式，如图 8-3 所示。

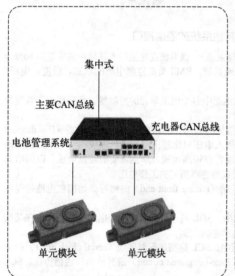
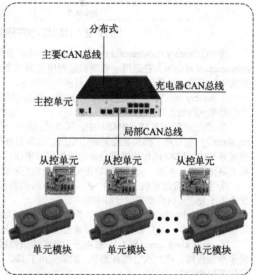

图 8-3　分布式与集中式电池管理系统（BMS）
CAN—控制器局域网总线

（1）分布式电池管理系统

分布式架构将 BMS 功能分散到多个独立的控制器中，每个控制器专注于监控和管理一部分电池组，这种分布式的设计带来了显著的可靠性和灵活性优势。由于功能被分开，任何单一控制器的故障都不会导致整个系统的瘫痪，增强了系统的鲁棒性。同时，每个控制器都可以根据其管理的电池组特性进行独立控制，提高了系统的适应性。BMS 分布式系统架构中，主控制器和从控制器分布设置如图 8-4 所示，其中 BDU 为电池配电单元。

然而，分布式架构会带来复杂性和成本方面的挑战。多个控制器之间的通信和同步需要精心设计，以确保数据的准确性和一致性。此外，每个控制器都需要独立的硬件和软件支持，会增加系统的总体成本。

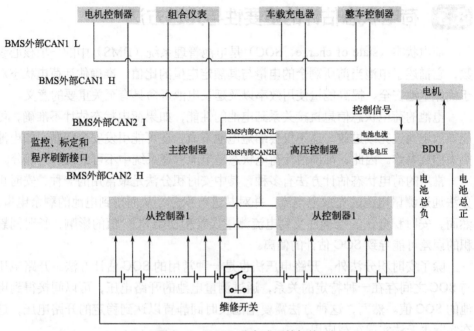

图 8-4　BMS 分布式系统架构

（2）集中式电池管理系统

集中式架构将所有 BMS 功能集中在一个主控制器中，这种架构通过大量的传感器和执行器实现对整个电池组的全面监控和管理。集中式架构的优势在于其简化了系统设计和维护，由于所有功能都集中在一个控制器中，系统的整体性能和优化变得更加直观和便捷。例如，宝马的 i3 电动汽车采用了集中式 BMS 架构，将电池管理功能集中在一个主控制器中。这种集中式架构简化了系统设计和维护，提高了系统的整体性能。

分布式架构和集中式架构各有其优缺点。在选择 BMS 系统架构时，需要综合考虑系统的可靠性、灵活性、成本、维护难度等因素。在实际应用中，甚至可以考虑混合结构的设计，结合分布式和集中式的优点，以满足特定应用的需求。

随着技术的进步和成本的降低，一些先进的 BMS 系统开始采用更为复杂和灵活的结构设计。例如，基于云计算的 BMS 系统可以实现远程监控和管理，进一步提高系统的可靠性和灵活性。此外，人工智能和机器学习等技术的应用也为 BMS 系统架构的设计提供了更多的可能性。

BMS 系统架构设计是一个涉及多个因素的复杂决策过程。在实际应用中，需要根据具体需求和应用场景来选择合适的系统架构。通过不断优化和创新，期待未来 BMS 系统能够实现更高的性能、更低的成本和更好的用户体验。

8.3 荷电状态估计的重要性与先进方法

荷电状态（state of charge，SOC）是电池管理系统（BMS）中的一项核心参数，它描述了电池当前所剩余的电量与其额定电量的比值。准确估计荷电状态对于确保电池安全、提高能量使用效率以及延长电池寿命具有至关重要的意义。

电池的荷电状态信息直接关系到电池的性能，如果荷电状态估计不准确，可能导致电池过充或过放，这不仅会缩短电池寿命，还可能引发安全问题，如电池热失控或爆炸。因此，准确估计荷电状态是电池管理系统中不可或缺的一部分。

常用的荷电状态估计方法有多种，其中安时积分法是最常用的一种。安时积分法通过测量电池的充放电电流，并对其进行积分，从而得到电池的剩余电量。然而，安时积分法的准确性受到电流测量误差和初始 SOC 值的影响，长时间累积的误差可能导致 SOC 估计的偏离。

除了安时积分法外，开路电压法也是一种常用的 SOC 估计方法。开路电压与 SOC 之间存在一种特定的关系，通过测量电池的开路电压，可以间接得到电池的 SOC 值。然而，这种方法需要电池长时间静置以达到稳定的开路电压，这在实际中无法实现车载应用。

近年来，随着机器学习算法的快速发展，基于机器学习的智能 SOC 估计方法也受到了广泛关注。这些方法通过训练大量的数据，学习电池的充放电特性，从而实现对 SOC 的准确估计。与传统的方法相比，基于机器学习的 SOC 估计方法具有更高的准确性和自适应性，能够更好地适应电池的老化和环境变化。

在实际应用中，我们可以根据具体的需求和条件选择合适的 SOC 估计方法，或者结合多种方法以提高估计的准确性和可靠性。除了上述提到的几种常用方法，还有一些其他的 SOC 估计方法，如基于模型的方法、基于卡尔曼滤波的方法等，如图 8-5 所示。这些方法各有优缺点，在实际应用中需要根据具体情况进行选择和优化。

图 8-5 SOC 估计方法

此外，随着电池技术的不断发展和进步，对 SOC 估计的精度和实时性要求也越来越高。未来，可以期待更多的先进技术和算法被应用到 SOC 估计中，以满足日益增长的需求。

8.4 充放电管理与设计

充放电管理模块是电池系统中不可或缺的一环，它负责精准调控电池的充电和放电过程，保证电池在既安全又高效的条件下运行。这一过程的实现涉及众多复杂的因素和技术，包括电流和电压的限制设定、充放电速率的控制，以及防止电池过充和过放等。

首先，对于电流和电压的限制设定，充放电管理模块需要精确地根据电池的特性和使用条件，设定合适的电流和电压范围。过高的电流和电压可能导致电池内部的化学反应失控，引发安全隐患；而过低的电流和电压则可能影响电池的能量输出和使用效率。

其次，控制充放电速率也是充放电管理模块的重要职责。充放电速率过快可能导致电池发热、性能下降，甚至引发安全问题；而充放电速率过慢则会影响用户的使用体验。因此，充放电管理模块需要根据电池的状态和车辆的需求，智能地调整充放电速率，实现平衡和优化。

此外，防止电池过充和过放也是充放电管理模块的重要功能。过充和过放都会对电池的性能和寿命产生严重的影响，甚至可能引发安全事故。因此，充放电管理模块需要通过精确的电量监测和智能的控制策略，确保电池始终在安全的充放电范围内运行。

最后，充放电管理模块还需要与车辆的其他系统协同工作，以满足车辆在不同行驶状态下的能量需求。例如，当车辆处于高速行驶状态时，充放电管理模块需要确保电池能够提供足够的能量以满足车辆的动力需求；而当车辆处于低速行驶或怠速状态时，充放电管理模块则需要优化电池的充放电策略，以提高能源的使用效率。

总的来说，充放电管理模块是电池系统中的重要组成部分，通过精确调控和优化，以确保电池在安全、高效的条件下运行，能为车辆的稳定运行和用户的良好体验提供坚实的保障。

8.5 热管理系统设计

在电池工作时，会产生大量的热量，若产生的热量无法及时且有效地散发出去，就可能致使电池出现热失控的情况，甚至可能引发火灾。因此，热管理系统在电池管理系统（BMS）中起着极为关键的作用，如图 8-6 所示。

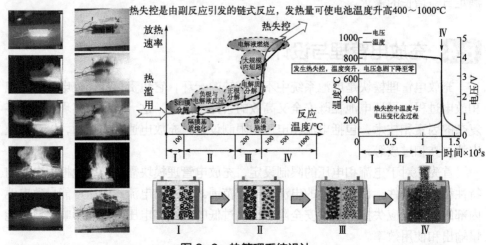

图 8-6　热管理系统设计

热管理系统的核心任务是通过精准控制电池组的散热和加热过程，以确保电池在适宜的温度范围内运行，这一目标的达成依赖于一系列复杂的热设计和工程措施。在散热方面，热管理系统运用了多种有效的散热方式。其中，风冷散热是一种常见且成本相对较低的方法。例如，可以通过合理设计电池包的结构和气流通道，利用自然对流或强制对流将电池产生的热量带走，以防止电池包过热。此外，液冷散热则是一种更为高效的散热方式。冷却液在电池包内部流动，通过热交换器将电池产生的热量转移到外部环境，从而有效降低电池温度，并防止电池热失控的发生。

在加热方面，热管理系统通常采用电热丝或正温度系数热敏材料（positive temperature coefficient, PTC）等加热元件，如图 8-7 所示。比如，在寒冷地区使用的电动汽车，这些元件可以在低温环境下为电池提供必要的热量，以防止电池因过冷而无法正常工作。同时，这些加热元件还可通过精确控制电流大小来调节加热功率，确保电池在适宜的温度范围内运行。

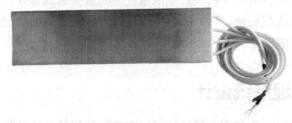

图 8-7　电热丝或 PTC 等加热元件

热管理系统的设计还需考虑到电池组在不同工作场景下的热需求。例如，在高温环境下，散热系统的效率可能会受到一定影响，此时需要增加散热风扇的转速或优化液冷系统的循环路径以提高散热效果。而在低温环境下，则需要加强加热系统的功率和响应时间，确保电池能够快速达到适宜的工作温度。

总之，热管理系统是电池管理系统中不可或缺的一部分。它通过精确控制电池的散热和加热过程，确保了电池在适宜的温度范围内运行，从而提高了电池的安全性和性能稳定性。在实际应用中，热管理系统的设计需要综合考虑多种因素，包括散热方式、加热方式、环境温度等，以实现最优的热管理效果。随着电池技术的不断发展和进步，热管理系统的设计和优化也将成为电池研究领域的重要方向之一。

8.6　电池检测与保护的重要性及实施策略

电池检测与保护模块的任务是实时监测电池的各种状态参数，包括电压、电流和温度等。这些参数不仅反映了电池的当前工作状态，还是预测电池性能的关键指标。通过精确监测这些参数，可以及时发现电池异常，从而采取相应的保护措施。

以电压监测为例，当电池电压过高或过低时，这可能意味着电池内部发生了短路、过充或过放等异常情况。此时，电池检测与保护模块会立即切断充电或放电回路，以防止电池进一步损坏或发生爆炸等安全事故。例如，某新能源汽车的电池检测与保护模块，在检测到电压异常时，迅速切断高压电路，避免了因过充导致的电池损坏和安全风险。同样，当电池温度过高时，模块会迅速启动散热风扇或液冷循环泵，以降低电池温度，防止热失控的发生。

除了实时监测和紧急保护，电池检测与保护模块还应具备故障诊断和预警功能。故障诊断功能可以帮助准确定位电池异常的原因，从而进行有针对性的维修和更换。而预警功能则可以在电池性能下降或出现安全隐患时，提前发出警告，以便及时采取措施，避免安全事故的发生。

为了实现这些功能，电池检测与保护模块需要集成先进的传感器、控制器和算法。传感器负责实时采集电池状态参数，控制器则根据预设的安全阈值对参数进行分析和判断，而算法则用于实现故障诊断、预警和保护决策等复杂功能。

总之，电池检测与保护模块是确保电池安全、稳定运行的关键组件。通过实时监测、故障诊断、预警和保护等功能的综合应用，可以及时发现和处理电池安全问题，从而保障人们的生命财产安全。在未来，随着电池技术的不断发展和应用场景的不断拓展，电池检测与保护模块的功能和性能也将不断得到提升和优化。

8.7 通信协议

电池管理系统（BMS）与车辆其他系统之间的实时数据交换和控制指令的传输十分重要，选取合适的通信协议及其实现方式成为 BMS 设计的关键一环。

常用的通信协议包含 CAN（controller area network）总线（见图 8-8）和 LIN（local interconnect network）总线（见图 8-9）等。CAN 总线因其高速、稳定和可靠的特性，在汽车工业中被广泛应用。其设计初衷是满足车辆内部各个控制单元间的通信需求，拥有卓越的抗干扰能力和错误处理能力，完全能够满足 BMS 对数据传输速率和可靠性的严苛要求。

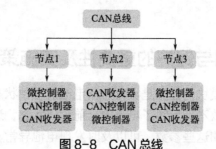

图 8-8　CAN 总线

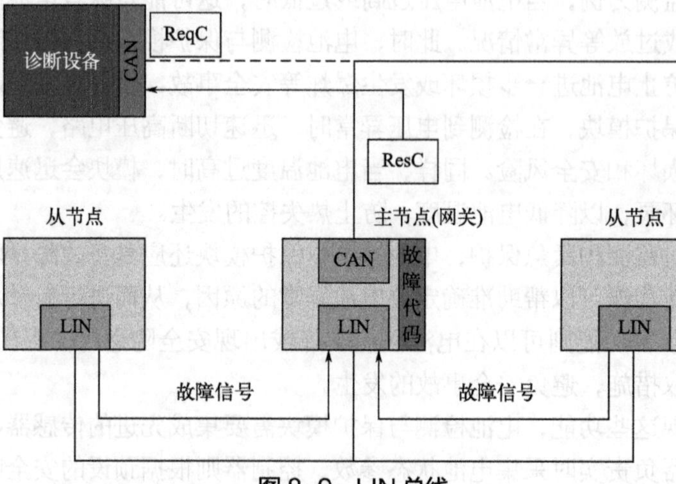

图 8-9　LIN 总线

而 LIN 总线更多用于车辆内部一些辅助设备的通信，例如车窗、座椅等。尽管其数据传输速率相对较低，但其低成本和简易性使其在某些场合成为理想之选。

随着物联网技术的迅猛发展，越来越多的 BMS 开始采用更为先进的通信协议和技术。其中，以太网（图 8-10）凭借其高速、大容量的数据传输能力，逐渐在车辆内部网络中得到应用。通过以太网，BMS 能够更高效地与其他系统进行数据交换，实现更为精准的电池管理。

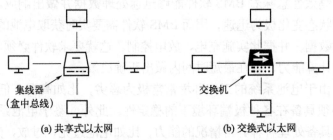

图 8-10 以太网

此外，无线局域网（WLAN）技术也为 BMS 带来了新的可能，如图 8-11 所示。借助无线连接，车辆与外部设备或云端平台能够实现更为便捷的数据传输和远程控制。这种技术的应用，不仅能提升系统的灵活性，也为未来智能交通和自动驾驶等技术的发展奠定了基础。目前特斯拉、比亚迪等主机厂的 BMS 均采用了 WLAN 这种先进的通信协议，实现了与车辆其他系统的高效数据交换和精准控制。这使得该车辆在电池管理方面表现出色，提高续航里程和电池寿命。

图 8-11 无线局域网（WLAN）

8.8 软件功能与界面

作为 BMS 的核心，软件功能是实现各项功能的关键所在。它不仅需要处理大量的传感器数据，执行繁杂的控制指令，还需实时计算关键参数，如电池的荷电状态 SOC，并与其他系统进行通信。因此，BMS 软件必须具备高效、稳定、可靠的特性，以保证在各种复杂和恶劣的环境下都能稳定运转。

首先，高效性意味着 BMS 软件能够迅速处理数据并做出响应。在电动汽车中，电池的状态变化极为迅速，因而 BMS 软件需要实时获取电池的电压、电流、温度等关键数据，并据此实施充电、放电控制。这就要求软件必须具备高效的算法和强大的计算能力，以在最短时间内做出正确决策。

其次，由于电池系统的工作环境常常极为恶劣，比如高温、低温、潮湿等，所以软件必须具备在各种极端环境下的稳定性。此外，鉴于电池系统的复杂性，软件还需要具备处理各种异常情况的能力，比如电池过充、过放、短路等，以确保电池系统的安全运行。

再次，可靠性是 BMS 软件的基本要求。作为电动汽车的关键组成部分，电池系统的可靠性直接影响到车辆的性能和寿命。因而，BMS 软件必须具备高度的可靠性，能够在长时间运行过程中维持稳定的性能，避免出现故障或误操作。

除了以上三个特点外，为了方便用户操作和维护，BMS 通常还配置友好的用户界面。这些界面通常采用触摸屏显示、图形化界面等形式，使用户能够直观地了解电池状态和系统运行情况。

作为现代电动汽车和其他可再生能源存储系统的核心组件之一，BMS 的功能和性能对车辆的安全、性能和寿命具有重要影响。随着技术的不断进步和应用需求的不断提升，未来 BMS 的设计和功能将不断完善和优化，以满足更为严格的安全、效率和环保要求。例如，通过引入先进的算法和模型，BMS 软件可以进一步提高对电池状态的预测精度和控制效率；通过采用更加智能的监控和维护策略，可以进一步延长电池的使用寿命和降低维护成本。同时，随着物联网、云计算等技术的发展，BMS 软件还可以实现更加高效的数据传输和处理，为用户提供更加便捷的服务体验。因此，BMS 软件功能与界面的持续完善和优化将是未来电动汽车和可再生能源存储系统发展的重要方向之一。目前主流新能源汽车品牌均在其最新车型中采用了先进的 BMS 软件，用户可以通过手机 APP 随时查看车辆电池状态和续航里程等信息并进行远程控制，极大地提升了用户体验。

 总结

电池管理系统（BMS）是电动汽车与可再生能源存储系统中不可或缺的重要构成部分，承担着保障电池安全、实现高效运行的关键职责。BMS 的功能丰富多样，涵盖了实时监测电池状态、妥善管理充放电过程、全力保护电池免受损害以及全面优化电池性能等。在系统架构设计方面，主要有分布式和集中式两种，它们各自有着不同的优缺点。

近些年来，伴随技术的不断进步以及成本的逐步降低，一些先进的 BMS 系统开始采用更为复杂且灵活的结构设计。例如，基于云计算的 BMS 系统能够实现远程监控和数据分析，为用户提供更加便捷的服务；而基于人工智能的 BMS 系统则可以通过智能算法优化电池管理，提高系统的智能化水平。

荷电状态估计是 BMS 的关键任务，对于确保电池安全、提升能量使用效率以及延长电池寿命均具有至关重要的意义。在未来，可以期待更多的先进技术和算法被广泛应用到 SOC 估算当中，以满足与日俱增的需求。例如，某些电动汽车制造商通过采用先进的 SOC 估算方法，有效提高了电池的续航里程和使用寿命；某些能源存储系统供应商则利用云计算技术，实现了对大量电池系统的集中管理和优化调度。

 复习题

1. BMS 的主要功能是什么？
2. BMS 如何监控电池状态？
3. BMS 如何管理电池充放电过程？
4. 电池检测与保护模块如何实现故障诊断和预警功能？
5. 电池检测与保护模块如何实现紧急保护？
6. 电池检测与保护模块如何实现故障诊断？

第 9 章

动力电池回收与再利用

 导语

　　伴随着电动汽车的广泛普及，动力电池的回收与再利用方面的问题愈发凸显出来。怎样卓有成效地回收和再度利用废旧的动力电池，这不但与资源的合理运用紧密相连，更和环境保护以及人类社会的可持续发展休戚相关。

　　目前我国通过建立完善的回收体系，成功回收了大量的废旧动力电池，并将其用于储能系统，实现了梯次利用；还有一些企业研发出了先进的回收技术，能够高效地提取废旧电池中的有价金属，提高了资源利用率。此外，某些地区通过政策引导和激励措施，促进了废旧动力电池回收行业的发展，创造了更多的就业机会和经济效益。这些案例都表明，有效地回收和再利用废旧动力电池具有重要的现实意义和价值。

9.1 电池回收技术

　　经过多年的不断积累和发展，凭借传统冶金行业的技术基础，我国的废旧锂离子电池回收技术已经发展得较成熟了，回收产业链也相对较完整。废旧锂离子电池回收前一般要进行放电预处理，并进行电池壳拆解。后续的回收工艺，按照回收处理的基本原理可以分为物理法、化学法和生物法。物理法包括机械分选法和破碎浮选法等，化学法包括火法冶炼和湿法冶炼等，生物法主要是指生物处理法或生物浸出法，也属于湿法回收的一种方法。主要回收技术如图 9-1 所示。

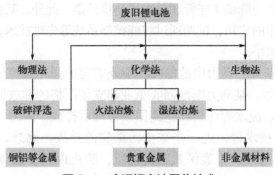

图 9-1　废旧锂电池回收技术

9.1.1　火法冶炼：动力电池回收的绿色挑战与解决方案

　　火法冶炼（图 9-2），作为一种历史悠久的金属提取方法，在动力电池回收领域扮演着举足轻重的角色。通过高温熔炼，我们能够有效地从废旧电池中分离出宝贵的金属元素。这种方法以其强大的处理能力和高金属回收率，受到了业界的广泛青睐。然而，正如每一枚硬币都有两面，火法冶炼同样伴随着能耗高、环境污染等不容忽视的问题。

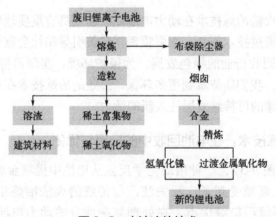

图 9-2　火法冶炼技术

　　随着全球对可持续发展的日益重视，绿色、环保的理念已经深入人心。对于动力电池回收行业来说，如何在追求金属回收率的同时，降低能耗和减少环境污染，已成为摆在我们面前的一大难题。为了应对这一挑战，企业和科研机构正致力于探索新的冶炼技术和方法。

　　一些创新的冶炼技术已经开始在动力电池回收领域得到应用。比如，某公司采用了一种新型的火法冶炼技术，通过优化冶炼过程，提高能源利用效率，减少了废气排放，有效地降低了能耗和减少了环境污染。此外，某科研机构也在积极探索火法冶炼技术的应用，试图通过智能控制系统等先进技术，进一步提高冶炼过程的节能环保水平。

除了技术创新外，动力电池回收企业还需要加强环保意识，建立健全的环保管理制度。例如，某动力电池回收企业建立了严格的排放标准，确保冶炼过程中产生的废气、废水等污染物达到国家标准后排放。同时，采用先进的除尘技术、废气治理技术等，进一步减少污染物的排放。此外，企业还定期对冶炼设备进行检查和维护，确保其正常运行，防止因设备故障导致的污染物超标排放。

政府和社会各界也应积极参与到动力电池回收的环保工作中来。政府可以出台相关政策，鼓励和支持企业采用环保技术和方法，推动动力电池回收行业的绿色发展。例如，对采用环保技术的企业给予税收优惠、资金扶持等政策支持。同时，政府还可以加大监管力度，对违反环保法规的企业进行严厉处罚。社会各界也可以加强监督，推动企业履行环保责任。例如，媒体可以发挥舆论监督作用，报道动力电池回收行业的环保问题，增强公众的环保意识。公众可以积极参与环保活动，如废旧电池回收、环保知识宣传等，共同维护良好的生态环境。

总之，虽然火法冶炼技术在动力电池回收领域具有重要地位，但我们也应关注其环保问题。通过技术创新、加强管理、政策引导和社会监督等措施，我们可以推动动力电池回收行业的绿色发展，为保护环境、实现可持续发展做出贡献。在未来的发展中，我们期待看到更多环保、高效的冶炼技术在动力电池回收领域得到应用，为地球的可持续发展注入新的活力。

9.1.2 湿法冶炼技术：在电池回收中的应用与优化

湿法冶炼（图9-3），一种借助化学反应从电池中提取金属元素的技术，近年来在电池回收领域受到了广泛关注。与传统的火法冶炼相比，湿法冶炼以其低能耗、低环境污染等优点，在处理复杂成分的动力电池时展现出独特的优势。

湿法冶炼的核心在于其选择性化学反应的能力。这种技术能够精准地针对电池中的金属元素进行提取，避免了传统方法中可能出现的杂质问题，从而提高了金属的回收率和利用率。这不仅有助于资源的有效循环利用，还在一定程度上降低了对原生资源的需求，对环境保护起到了积极作用。

然而，湿法冶炼技术也存在一些挑战。其处理周期相对较长，且对原料的预处理要求较高。这意味着在实际应用中，需要投入更多的时间和资源来确保

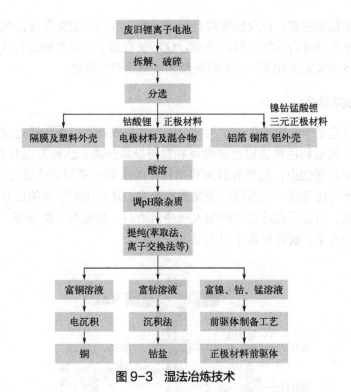

图 9-3　湿法冶炼技术

回收过程的顺利进行。为了克服这些限制，研究人员正在从多个角度对湿法冶炼技术进行优化和改进。一方面，科研团队正致力于缩短处理周期，提高生产效率。他们通过探索更高效的化学反应体系，优化反应条件，以及开发新型催化剂等手段，期望在保持金属提取效率的同时，缩短处理时间。这不仅有助于降低生产成本，还能使湿法冶炼技术在市场竞争中更具优势。另一方面，研究人员也在关注如何降低对原料预处理的要求。他们正在研究更先进的预处理技术，如物理破碎、化学浸出等，以更好地去除原料中的杂质，提高湿法冶炼技术的处理效果。这些努力旨在使湿法冶炼技术更加适应各种不同类型的电池回收需求。

　　此外，为了进一步提高金属的回收率和利用率，研究人员还在探索将湿法冶炼技术与其他回收方法相结合。例如，他们正在研究如何将湿法冶炼技术与火法冶炼、机械回收等方法相结合，形成一套完整的电池回收体系。这种综合回收方案有望通过整合各种技术的优势，实现金属回收效率的最大化，同时减少环境污染。目前国内已经有企业通过改进湿法冶炼技术，成功缩短了处理周期，提高了金属的回收率和利用率。该企业还开发了一种综合回收方案，将湿法冶炼技术与机械回收相结合，实现了对不同类型电池的高效回收。这些案例都表明，通过不断的技术优化和创新，以及探索综合回收方案，我们有望克服湿法冶炼技术的限制，推动电池回收行业的可持续发展。这不仅有助于实现资源的有效利用和环境保护，还将为未来的能源转型和可持续发展奠定坚实基础。

9.1.3　破碎浮选

破碎浮选是一种物理和化学相结合的电池回收技术。首先通过破碎将电池破碎成小块，然后利用浮选原理将金属颗粒与杂质分离。这种方法具有操作简单、金属回收率高等优点，能够有效地将电池中的金属元素与杂质进行分离。然而，破碎浮选也可能导致一些细微的金属颗粒流失，从而影响金属的回收率。为了解决这个问题，可以在破碎过程中加入一些辅助剂，如表面活性剂等，以提高金属颗粒的浮选效果。破碎浮选机原理图见图9-4。

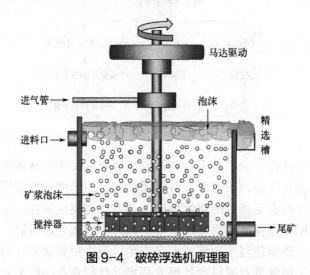

图9-4　破碎浮选机原理图

此外，破碎浮选技术还需要关注一些操作参数，如破碎粒度、浮选剂的种类和浓度、浮选时间等，并考虑环保和安全问题。

9.1.4　机械分选

机械分选是一种通过物理手段将电池中的不同成分进行分离的技术，见图9-5。这种方法通常包括破碎、筛分、浮选等步骤，能够有效地将金属、塑料等不同材料分离出来。机械分选技术的优点是处理过程相对简单，且对环境的污染较小。然而，机械分选也可能导致部分金属元素的损失。为了降低金属损失率，可以在分选过程中加入一些辅助设备，如振动筛、风力摇床、磁力分选机等，以提高金属的回收率。

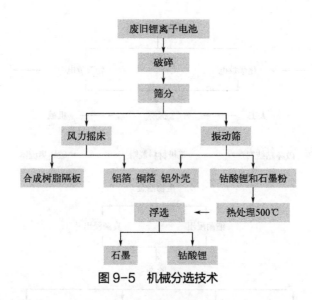

图 9-5　机械分选技术

9.1.5　生物冶金技术——电池回收的新篇章

　　随着全球对环保和可持续发展的日益关注，传统的电池回收技术已经难以满足人们的需求。在这一背景下，生物冶金技术作为一种新兴的电池回收技术，正逐渐受到人们的关注。它利用微生物的代谢活动来提取电池中的金属元素，具有环保、高效、低能耗等诸多优点，为电池回收领域带来了全新的解决方案。

　　生物冶金技术（图 9-6）的核心在于利用微生物的特殊代谢能力，将电池中的金属元素以更环保、更高效的方式提取出来。与传统的化学冶金技术相比，生物冶金技术无需使用大量的化学试剂和高温高压条件，从而大大减少了对环境的污染和破坏。这一优势使得生物冶金技术在处理含有重金属的动力电池时，表现得尤为出色。此外，生物冶金技术还具有更高的提取效率和更好的金属回收率。通过精心选择和培育的微生物，能够在较短的时间内完成金属元素的提取过程，实现资源的最大化利用。这不仅有助于减少资源的浪费，还有助于降低生产成本，提高经济效益。

　　尽管如此，我们相信，随着科学技术的不断进步和创新，生物冶金技术将会在电池回收领域发挥更大的作用。未来，随着技术的成熟和应用的推广，生物冶金技术有望成为全球电池回收领域的重要力量，为实现环保和可持续发展做出更大的贡献。比如，有公司通过使用生物冶金技术，成功地从废旧电池中提取了金属元素，实现了资源的循环利用。此外，国内研究机构也在积极探索生物冶金技术的应用，试图通过微生物的代谢活动来提取电池中的有价金属，以减少对环境的污染。这些案例都表明，生物冶金技术在电池回收领域具有广阔的应用前景和潜力。

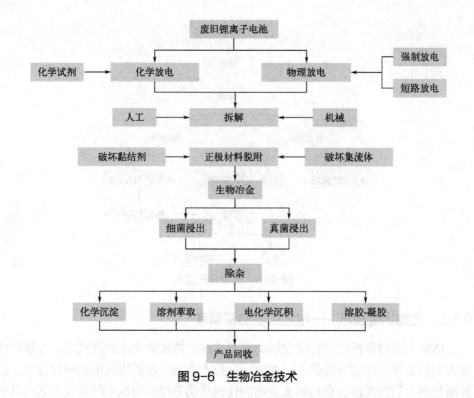

图 9-6　生物冶金技术

　　然而，目前生物冶金技术仍处于研究和开发阶段，距离实际应用还有一定的距离。在实际应用中，我们仍需要面对诸如微生物的选择和培育、反应条件的控制等一系列挑战和限制。这些问题需要我们不断地进行研究和探索，以寻求最佳的解决方案。因此，我们需要根据具体情况选择合适的回收技术，综合考虑环保、经济、技术等多个方面的因素。只有这样，我们才能更好地实现资源的循环利用和可持续发展。

　　总之，生物冶金技术作为一种新兴的电池回收技术，具有巨大的潜力和广阔的应用前景。它不仅能够解决传统电池回收技术所面临的环保问题，还能够提高金属元素的提取效率和回收率，实现资源的最大化利用。尽管目前该技术还面临着一些挑战和限制，但随着科学技术的不断进步和创新，我们有理由相信，生物冶金技术将会在电池回收领域发挥越来越重要的作用，为推动环保和可持续发展做出更大的贡献。

　　除了上述介绍的回收技术以外，还有一些其他电池回收技术，如化学分选、热解、熔融等。化学分选主要是通过化学反应将电池中的不同成分进行分离，其优点是分离效果好，可以得到纯度较高的金属，但处理过程较为复杂，且可能产生一定的环境污染。热解和熔融技术则是通过高温处理将电池中的材料转化为可再利用的形态，这两种技术处理效率较高，但能源消耗较大，且对设备的要求也较高。在实际应用中，各种电池回收技术可以相互补充，形成完整的电池回收体系。例如，可以先通过机械分选将电池中的大部分金属和塑料分离出来，再通过化学分选或热解、熔融等技术对剩余的难以分离的成分进行处理。这样可以最大程度地提高废旧电池的回收利用率，同时减少对环境的污染。

此外，电池回收还需要考虑环保和安全问题。在回收过程中，需要严格控制废气和废水的排放。同时，对于含有有毒金属的废旧电池，需要采取特殊的安全措施，确保回收过程的安全性。例如，在回收废旧电池时要采用先进的废气处理设备，将废气中的有害物质去除后再排放。同时，还应采取严格的安全措施，确保操作人员的安全。另外，在回收技术时，还要采用先进的废水处理技术，将废水中的有害物质去除后再排放，避免对环境的污染。

综上所述，各种电池回收技术都有其独特的优势和应用场景。在实际应用中，需要根据废旧电池的种类、成分以及处理要求等因素，选择最适合的废旧电池回收技术。同时，还需要加强技术研发和创新，推动电池回收技术的不断进步和发展，为实现资源的循环利用和环境的可持续发展做出更大的贡献。

随着科技的不断进步和环保意识的日益增强，电池回收技术将会得到更多的关注和发展。技术创新、智能化和自动化水平的提高、循环经济理念的深入人心以及国际合作的加强，将共同推动电池回收行业向更高效、更环保的方向发展。未来，我们可以期待更加高效、环保的电池回收技术的出现，为资源的循环利用和环境的可持续发展作出更大的贡献。同时，也需要加强政策引导和法规制定，推动电池回收行业的规范化和健康发展。在未来的电池回收领域，我们可以预见到以下几个趋势：

首先，技术创新是推动电池回收效率提升的关键。随着新材料、新工艺和新技术的不断涌现，电池回收技术将实现更大的突破。例如，纳米技术的应用可以显著提高金属的回收率和纯度，生物技术则可以在不破坏环境的前提下实现电池中有害物质的分解。此外，超临界技术等前沿科技也将为电池回收带来革命性的变革，进一步降低能耗和减少环境污染。

其次，智能化和自动化水平的提高将极大提升电池回收的效率和质量。随着人工智能、物联网和大数据等技术的不断发展，电池回收过程将实现更高程度的智能化和自动化。通过引入智能设备和系统，可以实现对废旧电池的快速识别、分类和处理，大幅提高回收效率。同时，智能化和自动化还可以减少人为错误，提高回收质量，确保废旧电池得到充分利用。

此外，循环经济理念的深入人心将为电池回收行业注入强大的动力。随着全球环保意识的提高，循环经济理念已经深入人心。电池回收作为循环经济的重要组成部分，将得到更多的政策支持和资金投入。政府将出台更多有利于电池回收的政策，鼓励企业和消费者积极参与电池回收。同时，企业和消费者也将更加关注电池回收问题，推动电池回收行业的健康发展。

最后，国际合作的加强将为电池回收行业的全球发展注入新的活力。电池回收是一个全球性的问题，需要各国共同努力。未来，各国在电池回收领域将加强合作，共同研发和推广先进的电池回收技术。通过国际合作，可以共享资源、技术和经验，推动全球电池回收行业的进步和发展。

综合多方面因素，技术创新、智能化和自动化的提升，循环经济理念的普及，以及国际合作的加强，都将对电池回收行业产生积极的影响，共同推动其迈向更加光明的未来。在此过程中，我们期待电池回收行业能够为全球环保事业贡献更多力量，为人类的可持续发展注入新的活力。

9.2 动力电池的二次应用策略

动力电池的回收与再利用不仅依赖于先进的回收技术，而且二次应用策略在其中也扮演着至关重要的角色。这种策略基于一种创新思维，即通过科学修复和改造，赋予废旧动力电池新的生命。这种策略不仅延长了电池的使用寿命，而且降低了新电池的生产需求，实现了资源的有效利用，助力动力电池可持续发展。

二次应用策略的实施需要依托专业的团队和先进的技术。这些团队由经验丰富的工程师和技术人员组成，他们对动力电池的内部结构和性能有深入的了解。通过精确的评估，他们能够确定电池的再利用价值，并采取适当的修复和改造措施。这些措施可能包括更换损坏的部件、重新配置电池管理系统等，以确保废旧电池能够在安全、可靠的前提下重新投入使用。这些步骤都需要高度的专业性和精确性，以确保废旧电池能够再次发挥出其应有的价值。比如，可以通过科学修复和改造，使这些电池能够在储能系统中继续发挥作用。这种二次应用策略不仅延长了电池的使用寿命，降低了新电池的生产需求，实现了资源的有效利用，还为企业带来了经济效益。

二次应用策略的应用场景广泛，如储能系统、备用电源等。这些场合对电池性能的要求相对较低，因此废旧电池在经过修复和改造后完全可以胜任。这种策略不仅有助于减少资源浪费，还有助于减少环境污染，实现资源的循环利用。同时，二次应用策略也为环保和可持续发展提供了新的路径，对推动可持续发展具有深远的意义。

然而，二次应用策略的成功实施也面临着一些挑战。首先，废旧电池的评估和修复需要专业的技术和设备支持。这需要投入大量的资金和人力资源。此外，建立完善的回收和再利用体系也是一项重要任务，以确保废旧电池的来源和去向可追溯。这需要政府、企业和社会的共同努力和支持。

　　未来，随着技术的不断创新和进步，我们有望进一步提高废旧电池的再利用效率和质量。例如，通过深入研究电池的内部结构和性能，我们可以开发出更高效的修复和改造方法。同时，随着环保意识的提高，政府、企业和社会也将更加重视动力电池的回收与再利用工作，为二次应用策略的实施提供更好的环境和条件。

　　总之，二次应用策略为动力电池的回收与再利用提供了新的思路和方法。通过科学修复和改造，我们可以赋予废旧动力电池新的生命，实现资源的有效利用和循环利用。尽管面临一些挑战，但随着技术的不断进步和环保意识的提高，我们有理由相信这一策略将在未来发挥更大的作用，为推动可持续发展做出重要贡献。

9.3　环境影响评价：守护绿色地球的"哨兵"

　　在动力电池回收与再利用的过程中，环境影响评价就像一位忠诚的"哨兵"，始终坚守在环保的前沿。它不仅对回收和处理过程中可能产生的环境影响进行深入分析和预测，更为我们制定合理的环保措施提供了坚实的科学依据。

　　环境影响评价的重要性不言而喻。它涵盖了废气、废水、固废等多个方面的排放情况，以及噪声、振动等对环境的影响。通过详细的评估数据，我们能够全面了解动力电池回收与再利用过程对环境的实际影响程度，为制定针对性的环保措施提供重要参考。

　　新的回收工厂建设前应进行全面的环境影响评价，对生产过程中可能产生的环境影响进行深入分析和预测。根据评价结果，采取一系列环保措施，如安装废气处理设备、建设废水处理设施等，以确保生产过程符合环保要求。同时，还应制订详细的环境管理计划，加强对生产过程的监管和管理，确保环境影响评价的有效性。

　　在实际操作中，环境影响评价为政府、企业和社会提供了明确的方向。政府需要依据评估结果制定和完善相关法规和标准，确保回收与再利用过程符合环保要求。同时，加大对回收与再利用过程的监管和执法力度，为行业的健康发展提供坚实的保障。

　　例如，政府可以根据环境影响评价的结果，制定相关的法规和标准，对动力电池回收与再利用过程中的废气、废水、固废等排放进行严格限制。同时，政府还可以加大对企业的监管和执法力度，确保企业遵守相关法规和标准，减少对环境的影响。此外，政府还可以加强对公众的宣传和教育，提高公众对环保问题的认识和参与度，共同推动环保事业的发展。

企业在追求经济效益的同时，更应积极履行环保责任。通过采用先进的技术和管理措施，企业可以确保回收与再利用过程符合环保标准，为行业的可持续发展做出贡献。同时，企业还应加强与政府和社会各界的合作，共同推动环保事业的进步。

电池制造商采用先进的技术和管理措施，确保其动力电池回收与再利用过程符合环保标准。应安装高效的废气处理设备，对生产过程中产生的废气进行净化处理，减少对环境的影响。此外，还应建立完善的废水处理设施，对生产过程中产生的废水进行处理，确保废水达标排放。同时，还应加强与政府和社会各界的合作，共同推动环保事业的进步。

社会各界也应加强对环保意识的宣传和教育，提高公众对环保问题的认识和参与度。只有当每个人都认识到环保的重要性并积极参与其中时，我们才能真正实现守护绿色地球的目标。

环保组织可以积极开展环保宣传和教育活动，提高公众对动力电池回收与再利用的认识和理解。通过举办讲座、展览、宣传活动等形式，向公众普及动力电池回收与再利用的相关知识，提高公众的环保意识和参与度。此外，环保组织还可以积极与政府和企业合作，共同推动动力电池回收与再利用行业的可持续发展。

随着科技的不断进步和环保意识的日益提高，期待未来会有更多高效、环保的回收方法和技术问世。这些技术的广泛应用将为推动电动汽车产业的可持续发展做出更大的贡献。同时，我们也需要认识到，动力电池回收与再利用行业的发展离不开社会各界的共同努力和支持。

科研机构正在开展一系列关于动力电池回收与再利用的研究项目。他们通过研究新的回收方法和技术，提高动力电池回收效率和质量，减少对环境的影响。同时，他们还积极与政府和企业合作，推动这些新技术的实际应用，为动力电池回收与再利用行业的可持续发展做出贡献。

动力电池的回收与再利用不仅关乎环境保护，更是资源的有效利用和可持续发展的重要体现。在这个过程中，环境影响评价如同一位敏锐的"哨兵"，时刻提醒我们关注环境问题，确保回收与再利用过程符合环保标准。通过政府、企业和社会的共同努力和支持，我们有信心在动力电池回收与再利用领域取得更加辉煌的成就，为守护绿色地球、推动可持续发展贡献一份力量。

随着全球对可持续发展的日益关注，动力电池回收与再利用行业正逐渐崭露头角，成为推动绿色能源转型的关键环节。在这个过程中，环境影响评价的重要性愈发凸显。它不仅是对企业环保责任的衡量标准，更是保障生态环境安全的重要手段。

未来，随着技术的不断创新和进步，环境影响评价也将面临更高的挑战和要求。一方面，我们需要不断完善评估方法和标准，提高评估的准确性和科学性；另一方面，我们还需要加强对新兴技术和工艺的环境影响评估，确保它们在实际应用中不会对环境造成严重不良影响。

同时，政府、企业和社会各界也需要加强合作，共同推动动力电池回收与再利用行业的健康发展。政府需要加大对环保政策的支持力度，鼓励企业采用更加环保的生产方式和技术；企业需要积极履行环保责任，加强内部管理，提高环保水平；社会各界则需要加强对环保知识的普及和宣传，增强公众的环保意识和参与度。

除此之外，我们还需要注重培养专业人才，加强环保领域的人才队伍建设。只有拥有一支高素质、专业化的环保人才队伍，我们才能更好地应对各种环境挑战，推动动力电池回收与再利用行业的可持续发展。

总之，环境影响评价作为守护绿色地球的"哨兵"，在动力电池回收与再利用行业中发挥着至关重要的作用。我们需要不断完善评估方法和标准，加强合作，培养专业人才，共同推动行业的健康发展，为实现绿色能源转型和可持续发展做出更大的贡献。

 总结

随着电动汽车的普及，动力电池的回收与再利用问题日益凸显。生物冶金技术、火法冶炼技术、湿法冶炼技术和破碎浮选技术等各有优缺点，需根据具体情况选择合适的回收技术。

生物冶金技术作为一种新兴的电池回收技术，利用微生物的代谢活动来提取电池中的金属元素，具有环保、高效、低能耗等诸多优点，为电池回收领域带来了全新的解决方案。火法冶炼技术是一种传统的金属提取方法，通过高温熔炼将废旧电池中的金属元素与其他物质分离。这种方法具有处理能力强、金属回收率高的优点，但同时也存在能耗高、环境污染等问题。湿法冶炼技术是一种借助化学反应从电池中提取金属元素的技术，近年来在电池回收领域受到了广泛关注。与传统的火法冶炼相比，湿法冶炼以其低能耗、低环境污染等优点，在处理复杂成分的动力电池时展现出独特的优势。破碎浮选技术是一种物理和化学相结合的电池回收技术。首先通过破碎将电池破碎成小块，然后利用浮选原理将金属颗粒与杂质分离。这种方法具有操作简单、金属回收率高等优点，能够有效地将电池中的金属元素与杂质进行分离。机械分选技术是一种通过物理手段将电池中的不同成分进行分离的技术。这种方法通常包括破碎、筛分、磁选等步骤，能够有效地将金属、塑料等不同材料分离出来。环境影响评价是关键环节，需完善评估方法和标准，加强对新兴技术和工艺的环境影响评估。

政府、企业和社会各界需加强合作，推动动力电池回收与再利用行业的健康发展。例如，政府可以出台相关政策，鼓励和支持企业开展动力电池回收与再利用业务，推动行业的发展。企业可以加强与科研机构的合作，开展技术研发和创新，提高回收技术的水平和效率。社会各界可以加强对动力电池回收与再利用的宣传和教育，提高公众的环保意识和参与度。

复习题

1. 生物冶金技术有哪些优点？
2. 火法冶炼在动力电池回收中的作用是什么？
3. 如何降低火法冶炼的能耗和减少环境污染？
4. 动力电池回收行业的可持续发展有哪些关键因素？
5. 动力电池回收行业的环保工作有哪些重要措施？
6. 动力电池回收中二次利用（梯次利用）是指什么？

第 *10* 章

充电技术与基础设施

 导语

　　随着电动汽车行业的快速发展，充电技术与基础设施建设已成为推动其进步的核心要素。充电方式的创新、快充技术的挑战、适应不同使用场景的充电需求以及科学合理的充电网络布局都对电动汽车的普及和应用产生深远影响。

　　在充电方式与设备方面，许多企业推出的超级充电桩技术实现了快速充电。然而，快充技术在实施过程中面临诸多挑战，如电池过热等问题亟待解决。

　　针对不同使用场景下的充电需求，城市中心、高速公路服务区等区域的充电设施分布不均，制约了电动汽车的便利使用。因此，有必要加强充电网络布局与规划，以满足日益增长的充电需求。

　　综上所述，充电技术与基础设施建设是电动汽车产业发展的基石。通过不断的技术创新和合理规划，我们有望克服当前面临的挑战，推动电动汽车产业的持续健康发展。

10.1 充电方式与设备

　　电动汽车的充电技术主要分为两种类型：慢充和快充（图 10-1）。慢充，也称为交流充电，通常用于家庭、办公室等固定场所，其充电功率一般在 3.3 ～ 22kW 之间，充电时间相对较长，但对电池寿命影响较小。快充，又名直流充电，充电功率可达到 50 ～ 350kW，能够在较短时间内为电动汽车快速补充电能，满足紧急补能需求。

图 10-1 交流充电和直流充电接口

随着电动汽车技术的不断进步，超快充技术也开始崭露头角。这种技术能够在几分钟内为电动汽车完成充电，极大地提升了充电效率，为长途旅行和紧急补能提供了巨大的便利。然而，超快充技术也面临一些挑战，例如电池寿命的缩减和充电过程中产生的热量问题，这些都需要我们在技术研发和创新层面上持续发力。

在推动电动汽车普及的过程中，我们还需要关注其充电技术对环境的影响。充电基础设施的建设需要大量的土地和资源，而电动汽车的充电过程也可能产生一定程度的碳排放。因此，在推动电动汽车普及的同时，我们也要关注其对环境的影响，并采取相应的措施来实现减排和资源循环利用。

此外，充电设施的布局和规划也是影响电动汽车使用便利性的关键因素。在城市中心区域，充电设施的分布需要更加密集，以满足众多电动汽车车主的充电需求。而在偏远地区或乡村地区，则需要按照实际状况合理规划充电设施，保证电动汽车在这些地区也可以获得良好的充电服务。

随着电动汽车的普及，电网的负荷也将面临挑战。例如，在节假日期间，大量电动汽车同时充电可能会对电网构成冲击，影响电力系统的稳定运行。因此，我们需要探索智能充电技术，通过调度和优化充电过程，降低电网负荷，确保电力系统的安全和稳定。

综上所述，电动汽车的充电技术正处于迅速发展的阶段，我们需要在技术研发、设施建设、环境影响等方面进行全方位的考量和规划，以保证电动汽车的充电过程更加高效、便捷、环保，为电动汽车的普及和可持续发展提供强有力的支持。

10.2　快充技术挑战与解决方案

电动汽车快充技术为用户的日常出行带来了极大的便利，它能够在短时间内为电动汽车迅速补充电量，大大缩短了充电时间。然而，这项技术在实际应用中仍然面临着一些挑战。

首先，快充技术对电池性能提出了更高的要求。电池需要具备更高的能量密度和快速充放电的能力，这对于电池材料、结构和设计都提出了巨大的挑战。目前，虽然已经有了一些突破性的技术成果，但如何在保证电池性能的同时，进一步提高其使用寿命，仍是一个亟待解决的问题。

其次，快充过程中产生的热量对电池寿命构成了威胁。高温可能导致电池性能衰减，甚至引发安全事故。因此，如何有效地控制电池温度，降低热量的产生，是快充技术发展中的一个重要课题。

此外，快充设备的成本和维护成本也是制约其普及的因素之一。目前，快充设备的价格相对较高，这在一定程度上增加了消费者的购车成本和使用成本。同时，设备的维护和保养也需要一定的专业知识和技能，这对于普通消费者来说是一个不小的挑战。

尽管面临这些挑战，电动汽车快充技术依然具有巨大的发展潜力和市场前景。随着科技的不断进步和技术的不断创新，我们有理由相信，未来电动汽车快充技术将会得到更广泛的推广和应用。

例如，随着电池技术的不断进步，未来的电池将会具备更高的能量密度和更强的耐热能力，这将为快充技术的发展提供有力支持。同时，随着智能充电技术的不断发展，我们可以实现对充电过程的精准控制，进一步提高充电效率和安全性。

政府和企业也在加大对电动汽车快充技术的投入和支持。政府出台了一系列政策措施，鼓励和支持电动汽车产业的发展，包括对充电基础设施建设的补贴和优惠政策。企业也在积极研发新技术、新产品，推动电动汽车快充技术的创新和应用。

总之，电动汽车快充技术虽然面临一些挑战，但同时也充满了机遇和希望。我们应该积极应对挑战，把握机遇，共同推动电动汽车快充技术的发展，为电动汽车产业的繁荣做出贡献。

10.3　不同使用场景下的充电需求

电动汽车的充电需求因应用场景的不同而存在显著差异。家庭用户通常偏好慢充设备，因为它们能够利用夜间低谷电价进行经济实惠的充电。这种充电方式不仅方便，而且能够有效降低充电成本。例如，用户可以在每天晚上回家后将车辆连接到家用充电桩，这样在整个夜晚，车辆就可以慢慢充满电，为第二天的使用做好准备。

对于需要频繁移动的车辆，如出租车和共享汽车，快速充电站则显得尤为必要。这些车辆在城市中穿梭，需要在短时间内补充电量，以保持运营效率。在这种情况下，快速充电站可以在几分钟内为电动汽车提供足够的电量，使其能够继续运行，而无需长时间等待。例如，出租车司机可以在乘客上下车的间隙，快速为车辆充电，这样可以最大限度地减少等待时间，提高工作效率。

对于长途旅行，电动汽车的充电需求则更加依赖于充电网络的布局。在高速公路沿线设立充电站，可以确保电动汽车在旅途中能够及时充电。这些充电站通常配备有快速充电设施，可以在短时间内为电动汽车提供大量电量。例如，旅行者在长途驾驶过程中，可以在高速公路服务区找到充电站，快速补充电量，然后继续旅程。

在商业和物流领域，电动汽车的充电需求同样多样化。物流公司需要为电动货车提供可靠的充电解决方案，以确保其能够完成日常的配送任务。这可能涉及在物流中心安装快速充电设备，或者采用无线充电技术（图10-2），使车辆在装卸货物时也能进行充电。例如，物流公司可以在仓库内安装无线充电设施，电动货车在装卸货物时可以自动充电，这样可以提高工作效率，减少充电中断时间。

图 10-2　无线充电技术畅想图

电动汽车的充电需求还受到车辆本身特性的影响。一些高端电动汽车配备了先进的电池管理系统和快速充电技术，可以在短时间内实现高功率充电。而一些入门级电动汽车可能配备了更小容量的电池，充电速度相对较慢。此外，电动汽车的充电需求还受到用户行为的影响。一些用户可能更倾向于在家中充电，而有些用户可能更愿意在公共充电站充电。

随着电动汽车技术的进步，未来的充电解决方案将更加智能化和个性化。例如，智能充电网络可以根据车辆的充电需求和电网的负载情况，自动调整充电功率和充电时间。车辆制造商也在开发更高效的电池技术，以提高电动汽车的续航里程和充电速度。同时，政府和企业的投资也在推动充电基础设施的建设，以满足日益增长的充电需求。

总之，电动汽车的充电需求是多元化的，需要根据不同的应用场景和用户需求来制定合适的充电策略。随着技术的不断进步，我们期待看到更加便捷、高效和环保的充电解决方案，为电动汽车的普及和发展提供有力支持。

10.4 充电网络布局与规划

电动汽车充电网络的布局与规划对于其推广及应用至关重要。一个科学合理的充电网络能够满足各种场景下的充电需求，同时兼顾便捷性和经济性。为了实现这一目标，需要综合考虑电动汽车的行驶路线、充电需求、充电站的建设以及运营成本等诸多因素。

在规划充电网络的过程中，政府、企业和用户需要形成合力。政府应出台相关政策，给予资金和税收支持，大力推动充电基础设施的建设，并加大监管力度，确保服务质量和安全性。企业要积极参与充电站的建设与运营，借助技术创新和模式创新来降低成本，提升设备性能和可靠性。用户也应主动反馈充电需求和建议，为网络优化提供参考依据。

充电技术与基础设施是电动汽车发展的核心支撑。随着电动汽车的日益普及，需要持续对充电技术与基础设施进行优化，以满足多元化的充电需求，推动电动汽车产业的可持续发展。同时，加强政府、企业和用户之间的沟通与合作至关重要，共同促进电动汽车产业的健康发展。

未来，充电基础设施将呈现出多个显著的发展趋势。首先，充电设备的功率与充电速度将不断提高，进一步缩短充电等待时间。其次，充电设施将趋于智能化与互联化，利用物联网、大数据和人工智能等技术实现远程监控、智能调度和自动化管理，优化运营与维护。此外，会更加注重用户体验和服务质量，提供便捷、舒适和安全的充电环境。最后，充电设施将致力于可持续发展与环保，采用清洁能源、节能减排和循环利用等措施，降低对环境的影响，实现绿色、低碳和可持续的发展。

为了实现这些发展趋势，需要政府、企业和用户共同付出努力。政府应出台积极的政策，鼓励技术创新与研发，推动充电基础设施向智能化、互联化和环保的方向发展，并加强监管，确保安全与服务质量。企业应加大投入，推动技术创新与模式创新，提升设备性能，降低成本，注重用户体验和服务质量。用户也应积极参与充电基础设施的建设与使用，提出需求与建议，为网络优化提供参考。

随着电动汽车的普及，充电基础设施将成为城市交通的重要组成部分。因此，要将其与城市交通规划紧密结合，构建完善、高效和便捷的充电网络。同时，加强跨行业合作，推动充电基础设施与其他领域的融合发展，实现全面、可持续的城市交通发展。

综上所述，充电基础设施的未来发展趋势是智能化、互联化、环保化和可持续发展。通过政府、企业和用户的共同努力，必将推动充电基础设施的持续进步，为电动汽车的普及提供更坚实的支撑。

10.5 充电技术与电动汽车产业的协同发展

充电技术与电动汽车产业紧密相连，相互促进。随着电动汽车市场的不断扩大和技术的进步，充电技术也在不断发展和创新。

充电技术的进步为电动汽车的普及提供了有力支持。例如，快速充电技术的出现，使得电动汽车的充电时间大大缩短，提高了用户的使用体验。无线充电技术的发展，使得电动汽车在停车时无需插线即可充电，进一步提高了充电的便利性。

同时，电动汽车的普及也推动了充电技术的创新和发展。随着电动汽车的数量增加，对充电设施的需求也随之增长，这将促使企业加大对充电技术的研发投入，推动技术的不断进步。

展望未来，充电技术将继续与电动汽车产业协同发展。随着电动汽车技术的不断成熟和市场的扩大，充电技术将朝着更高效、更便捷、更环保的方向发展。例如，未来的充电技术将实现更高的充电功率和更快的充电速度，同时采用清洁能源，降低对环境的影响。

此外，充电技术的发展还将推动电动汽车产业的变革。随着充电技术的不断进步，电动汽车的续航里程将得到显著提升，使用场景将更加广泛。同时，充电设施的智能化和网络化将使得电动汽车的充电更加便捷，为用户提供更加个性化的服务。

总之，充电技术与电动汽车产业是相互促进、共同发展的。未来，随着技术的不断创新和市场的扩大，两者将携手进入一个全新的发展阶段，为人类的可持续发展做出更大的贡献。

随着全球范围内对环保和可持续发展的日益重视，电动汽车（EV）作为一种清洁、低碳的交通工具，正逐渐成为未来交通的主导方向。然而，电动汽车的普及与发展离不开充电技术与基础设施的支持。本节将详细探讨电动汽车充电技术与基础设施的现状、挑战以及未来的发展方向。

10.5.1　充电技术与基础设施的现状

目前，电动汽车充电技术主要分为慢充和快充两种。慢充技术适合在家用充电桩或公共充电站进行夜间或长时间的充电，而快充技术则能在短时间内为电动汽车提供大量电量。随着技术的不断进步，充电功率和充电速度也在逐步提升。

在基础设施方面，全球各国都在加大对电动汽车充电网络的建设投入。例如，中国政府出台了一系列政策，鼓励和支持充电设施的建设和运营。截至2022 年底，中国已建成各类充电桩超过 200 万个，覆盖了全国大部分城市和高速公路服务区。

10.5.2　面临的挑战

尽管充电技术与基础设施取得了显著进展，但仍然面临一些挑战。首先，充电设施的分布不均是一个突出问题。在一些偏远地区或人口密集的城市中心，由于地理位置或经济因素，充电设施的建设相对滞后。这给电动汽车用户带来了不便，限制了电动汽车的普及。

其次，充电技术的标准化也是一个亟待解决的问题。目前，不同国家和地区的充电标准存在差异，这给电动汽车制造商和用户带来了额外的成本和麻烦。缺乏统一的充电标准可能会阻碍电动汽车产业的全球化发展。

此外，充电设施的维护和运营成本也是一个挑战。随着充电设施数量的增加，如何确保其正常运行和及时维护成了一个重要问题。同时，如何制定合理的收费标准和运营模式，以吸引更多用户使用也是需要考虑的因素。

10.5.3　未来的发展方向

为了克服当前面临的挑战，未来充电技术与基础设施的发展将朝着以下几个方向展开：

（1）智能化发展

通过物联网、大数据等技术手段，实现充电设施的智能化管理和服务。例如，用户可以通过手机 APP 实时查询充电桩的位置和使用状态，预约充电时间等。

（2）高效率快充技术

研发更高效的快充技术，缩短充电时间，提高电动汽车的使用便利性。例如，一些研究机构正在探索利用超导材料和新型电池技术来实现超快充电。

（3）无线充电技术

无线充电技术为电动汽车的充电提供了新的解决方案。通过在道路上铺设无线充电设施，电动汽车在行驶过程中可以实现自动充电。这将大大提高电动汽车的续航里程和便利性。

（4）分布式能源与充电网络的整合

利用分布式能源技术（如太阳能、风能等）为充电设施提供清洁能源，实现能源的优化配置和利用。同时，构建分布式能源与充电网络的整合系统，提高能源利用效率。

（5）政策引导与市场驱动

政府应继续出台相关政策，鼓励和支持充电设施的建设和运营。同时，通过市场机制激发企业和用户的参与热情，推动充电技术与基础设施的快速发展。

（6）国际合作与标准化

加强国与国之间的合作与交流，推动充电技术的标准化和互操作性。制定统一的充电接口标准和通信协议，为电动汽车的全球化发展奠定基础。

总之，电动汽车充电技术与基础设施是支撑电动汽车产业发展的重要基石。面对当前的挑战和未来的机遇，我们需要政府、企业和科研机构的共同努力，推动充电技术与基础设施的创新和发展，为电动汽车的普及和可持续发展提供有力保障。

复习题

1. 电动汽车充电技术的未来发展趋势是什么？
2. 如何解决电动汽车充电设施建设中的资金、土地、政策等问题？
3. 政府、企业和用户如何共同推动充电设施的建设和普及？
4. 快充技术对电池性能和稳定性提出了哪些要求？
5. 无线充电技术有哪些优点？
6. 如何优化充电策略以提高充电速度？

第11章

人工智能在动力电池领域的应用

 导语

　　人工智能在电动汽车动力电池领域的应用前景广阔，其在动力电池研发、制造、使用和回收等环节的应用将极大地推动电动汽车产业的发展。

　　在研发方面，人工智能技术可以通过大数据分析和机器学习方法对动力电池的材料、结构和工艺进行优化设计，从而提高电池的能量密度、功率密度和循环稳定性。例如，利用人工智能算法对电池材料的微观结构进行模拟和预测，可以指导实验者选择更合适的材料和制备工艺。

　　在制造方面，人工智能技术可以实现生产过程的自动化和智能化，提高生产效率和产品质量。例如，通过机器视觉和传感器技术对生产线上的电池进行实时监测和质量控制，可以及时发现并解决生产问题。同时，人工智能技术还可以帮助企业优化生产流程，减少浪费和降低成本。

　　在使用方面，人工智能技术可以实现对动力电池状态的实时监测和预测，从而提高电池的使用寿命和安全性。例如，通过对电池的电压、温度、电流等参数进行实时采集和分析，可以及时发现电池的异常情况，并采取相应的措施进行处理。此外，人工智能技术还可以帮助用户更好地管理电池的充电和放电过程，提高电池的使用效率。

　　在回收方面，人工智能技术可以实现对废旧动力电池的分类和评估，从而提高回收利用率和资源回收率。例如，利用机器学习方法对废旧电池进行智能识别和分拣，可以快速准确地将废旧电池分类为不同类型和状态。同时，人工智能技术还可以帮助企业优化回收流程，减少环境污染。

　　人工智能在电动汽车动力电池领域的应用还面临一些挑战和限制，如数据获取和处理的难题、技术标准和规范的缺失等。未来，需要进一步加强技术研发和创新，推动人工智能技术在动力电池领域的广泛应用和发展。同时，还需要加强国际合作和交流，共同应对挑战和推动产业进步。

总之，人工智能在电动汽车动力电池领域的应用前景广阔，将为电动汽车产业的发展注入新的动力和活力。通过不断的技术创新和应用探索，我们有理由相信，未来的电动汽车将拥有更高的性能、更低的成本和更好的环保性能。

11.1 人工智能在动力电池研发与设计中的应用

随着科技的不断进步，人工智能（AI）已成为推动各行各业革新的关键力量。在电动汽车（EV）动力电池领域，AI 的应用正日益凸显其重要性，它正在重塑电池的研发、生产、使用、回收和再利用过程，为电动汽车产业的发展注入了新的活力。

（1）在动力电池的研发阶段

AI 的应用已成为加速新材料和新技术发现的重要工具。通过大数据分析和机器学习算法，研究人员可以对成千上万的化合物进行筛选和模拟，以寻找具有更高能量密度、更长循环寿命和更好安全性的新材料。例如，AI 可以帮助研究人员预测新型电极材料的电化学反应动力学，从而优化电池的性能。此外，AI 还可以在电池设计阶段提供支持，通过模拟和优化电池结构，实现更高效的能量转换和存储。

（2）在生产环节

AI 技术的应用正在提高电池制造的精度和一致性。通过引入机器人自动化和计算机视觉系统，生产线上的每一个步骤都可以精确控制，减少人为错误。AI 还可以实时监控生产设备的状态，预测维护需求，从而降低停机时间，提高生产效率。此外，AI 还可以优化生产流程，通过智能排程和资源分配，减少浪费，降低成本。

（3）在电池的使用阶段

AI 的作用体现在电池管理系统（BMS）上。BMS 是确保电池安全运行的关键组件，它监控电池的电压、温度、电流等参数，并根据这些数据调整充电和放电策略。AI 可以提高 BMS 的预测能力，通过学习电池的使用模式，预测电池的老化趋势，提前采取措施防止过充或过放，从而延长电池的使用寿命。此外，AI

还可以优化电池的充电过程，提高充电效率，减少充电时间。

（4）在电池的回收和再利用阶段

AI 同样发挥着重要作用。随着电池寿命的结束，如何有效回收和再利用电池中的宝贵材料变得尤为重要。AI 可以帮助识别废旧电池的化学成分，评估其再利用价值，并指导回收过程。通过智能分拣和处理，可以最大限度地回收有价值的材料，减少环境污染。此外，AI 还可以优化回收流程，提高回收效率，降低回收成本。

11.2　人工智能在电池管理系统中的应用

在电动汽车快速发展的背景下，电池管理系统作为其"核心"，具有举足轻重的地位。它承担着对电池状态、性能及安全的监控与管理职责，以保障电动汽车在各类情形下的平稳运作。在此过程中，人工智能技术的融入给电池管理系统带来了颠覆性的变革。

人工智能凭借对电池各类数据，如电压、电流、温度等的实时采集与分析，能够精准地预测电池的剩余容量、充放电速度以及可能发生的故障。这一技术的运用，不仅显著提升了电动汽车的续航里程与充电速度，还极大地增强了电池使用的安全性。系统能够及时察觉并处理潜在的安全隐患，从而确保车辆及乘客的安全。

随着电动汽车的广泛应用，电池管理系统的智能化与高效化成为行业发展的关键方向。人工智能技术的持续进步，为电池管理系统的发展提供了更为广阔的空间。通过深度学习和机器学习等算法，人工智能能够对电池数据进行更深入的分析与处理，达成更为精准的预测与控制。这使得电池管理系统能够更好地适应各种复杂环境，确保电动汽车在各种状况下的稳定运行。

展望未来，电池管理系统将更为关注个性化和智能化。系统可依据不同用户的驾驶习惯与需求，自动调整电池的工作状态，以实现更佳的续航和性能表现。例如，对于经常在高速公路行驶的用户，系统可优化电池放电策略，确保车辆的高速行驶能力；而对于经常在城市中行驶的用户，系统则可更注重电池的节能与环保性能。

此外，通过与车载其他系统的协同运作，电池管理系统能够实现更智能化的能量管理。这不仅能够提高整车的能源利用效率，还有助于降低电动汽车对环境的影响。当车辆处于制动状态时，电池管理系统可与刹车系统协同工作，将制动能量回收并储存到电池中，从而提高能源的利用效率。

随着电动汽车在各个领域的应用不断拓展，电池管理系统的应用场景也将更加丰富多样。无论是在城市出行、物流配送还是公共交通等领域，电池管理系统都将发挥着极其重要的作用。因此，未来的电池管理系统需要更为注重可靠性和稳定性。通过采用更先进的材料和工艺，以及优化系统设计，可确保电池管理系统在各种复杂环境下都能够稳定运行，为电动汽车的发展提供坚实的保障。

总之，电池管理系统作为电动汽车的重要组成部分，其智能化和高效化的发展对推动电动汽车的普及与应用具有重大意义。随着人工智能技术的不断进步和应用场景的不断扩展，我们有理由坚信未来的电池管理系统将更为出色地为电动汽车的发展保驾护航。

11.3 人工智能在充电技术与基础设施中的应用

随着电动汽车产业的蓬勃发展，充电设施的建设已成为推动这一变革的关键因素。人工智能技术在充电设施的建设和优化中发挥着越来越重要的作用，为电动汽车用户带来了前所未有的便利和高效的充电体验。

智能充电站（图 11-1）和充电桩的出现，标志着充电设施正步入智能化时代。这些设备能够实时感知电动汽车的充电需求，以及电网的实时负荷情况，从而智

图 11-1　智能充电站畅想图

能地调节充电功率和时间。例如，在电网负荷较低的时段，智能充电站可以为电动汽车提供快速充电服务，既保证了充电效率，又避免了电网过载的风险。这种智能调控机制不仅提高了充电设施的运行效率，还为电动汽车用户带来了更加灵活和便捷的充电选择。

人工智能在充电设施布局优化方面的应用，展现了其在数据分析和预测方面的强大能力。通过收集和分析用户的充电行为数据、城市交通流量信息以及电网负荷数据，人工智能可以精确预测未来的充电需求分布。这种前瞻性的分析有助于充电设施运营商合理规划新的充电站点建设，确保充电设施能够满足日益增长的充电需求，同时避免资源的浪费。

物联网技术的发展，让充电设施与电动汽车、用户以及整个能源系统实现了无缝连接。电动汽车用户可以通过智能手机应用程序实时监控充电状态，预约充电服务，甚至在到达目的地前远程启动充电。这种智能化服务不仅提高了用户的满意度，也为充电设施运营商提供了精细化的运营管理手段。

未来，随着人工智能技术的不断进步和创新，充电设施将更加智能化、个性化。例如，通过学习用户的充电习惯，充电设施可以自动推荐最经济、最快捷的充电方案。同时，随着车联网技术的发展，充电设施将能够与电动汽车的电池管理系统直接通信，实现更加精准的充电控制，进一步提高充电效率和延长电池寿命。

人工智能还将在充电设施的运维管理中发挥重要作用。通过预测性维护技术，人工智能可以提前识别出设备可能出现的故障，安排及时的维修和更换，从而减少停机时间，提高设备的可靠性和使用寿命。

总之，人工智能技术的应用正在深刻改变充电设施的建设和运营模式。随着技术的不断进步，我们有望看到更加智能、高效和用户友好的充电设施，为电动汽车的普及和可持续发展提供坚实的支持。

11.4　人工智能在电池回收与再利用中的应用

随着电动汽车的快速普及，动力电池的回收与再利用问题日益凸显。电池回收不仅关乎资源的可持续利用，更是环境保护的重要环节。近年来，人工智能技术的飞速发展为电池回收领域带来了革命性的变革。

人工智能在电池回收中的应用主要体现在两个方面：一是提高回收效率，二是优化回收流程。传统的电池回收过程往往依赖人工分类和拆解，不仅效率低下，而且容易造成环境污染。而人工智能技术，尤其是图像识别和机器学习技术，可以快速准确地识别和分类不同类型的废旧电池。例如，通过训练深度学习模型，我们可以让计算机"学会"如何识别电池的品牌、型号和化学成分。这样，当废旧电池流入回收系统时，人工智能可以迅速判断其类别，并指导后续的拆解和处理工作。

在优化回收流程方面，人工智能同样发挥着重要作用。通过对历史回收数据的分析，我们可以发现电池回收过程中的瓶颈和不足，进而制定出更加高效的回收策略。此外，人工智能还可以协助我们预测电池的剩余价值，从而制定出更加合理的回收价格策略，激励更多人参与到废旧电池的回收工作中来。

除了提高回收效率和优化回收流程外，人工智能在电池再利用领域也有着广泛的应用前景。通过对电池使用数据的分析，我们可以预测电池的剩余寿命和性能退化趋势。这样，在电池性能下降到一定程度时，我们可以及时将其从电动汽车中拆卸下来，用于储能系统或其他低功率应用。这种"梯次利用"不仅可以延长电池的使用寿命，还能减少资源的浪费。

在环保监控方面，人工智能可以实时监测电池回收和再利用过程中的环境影响。通过收集和分析空气、土壤和水质等数据，我们可以及时发现潜在的环境污染问题，并采取相应的措施加以解决。这种智能化的环保监控不仅提高了我们的环保意识，也为政府和企业提供了科学依据，推动他们采取更加积极的环保行动。

综上所述，人工智能技术在动力电池回收与再利用领域的应用前景广阔。随着技术的不断进步和应用范围的拓展，我们有理由相信，未来的电池回收和再利用将更加高效、环保和可持续。这不仅将为电动汽车产业的健康发展提供有力支持，也将为我们的地球环境保护贡献一份力量。

11.5 人工智能在动力电池市场预测与决策支持中的应用

在动力电池市场的激烈竞争中，人工智能（AI）技术的应用正逐渐成为企业取得竞争优势的关键。其强大的数据处理和分析能力，使得企业能够对市场进行深入的理解和预测，从而制定出更加科学和有效的战略决策。

人工智能在动力电池市场预测方面的应用，主要体现在对海量市场数据的实时监测和深度分析。通过构建复杂的预测模型，企业可以准确预测市场需求的变化趋势，及时调整生产计划和销售策略。这种预见性的市场洞察，有助于企业在市场波动中保持稳定的供应链和库存水平，降低运营风险。

在决策支持方面，人工智能通过模拟不同的市场情景，为企业提供多维度的决策参考。例如，在新产品开发阶段，人工智能可以评估不同设计方案的市场潜力，帮助企业选择最具竞争力的产品方向。在市场营销策略制定上，人工智能可以分析消费者行为，识别目标市场，优化广告投放和促销活动，提高营销效果。

除了市场预测和决策支持，人工智能还在动力电池的研发、生产、管理和回收等环节发挥着重要作用。在研发阶段，人工智能可以通过模拟实验，加速新材料和新技术的研发进程。在生产环节，人工智能可以实现生产过程的自动化和智能化，提高生产效率和产品质量。在管理方面，人工智能可以协助企业进行电池状态的实时监控和维护，延长电池的使用寿命。在回收环节，人工智能可以优化回收流程，提高资源的回收率，减少环境污染。

随着人工智能技术的不断进步，其在动力电池领域的应用将更加广泛和深入。未来，人工智能将不仅帮助企业更好地应对市场变化，还将推动动力电池技术的创新和进步，为新能源汽车产业的发展提供强大支持。

 总结

人工智能在动力电池领域的应用已经展现出了巨大的潜力，并且正在引领这一领域的变革。从研发、设计到生产、管理，再到回收和市场预测，AI 的应用正在各个环节发挥着重要作用。

在研发和设计阶段，人工智能通过模拟和预测技术，帮助研发人员优化电池材料和结构设计。AI 可以快速筛选大量的化合物和材料组合，找到最有潜力的候选者，从而缩短研发周期。此外，AI 还可以通过机器学习算法，预测电池的性能表现，为新材料的选择提供科学依据。

在生产和管理阶段，人工智能通过实现实时监控和质量控制，提高了生产效率和产品一致性。AI 可以监测生产线上的各项参数，如温度、压力等，及时发现并纠正生产过程中的偏差。此外，AI 还可以通过智能排班和资源分配，优化生产流程，降低生产成本。

充电和维护方面，智能充电站和充电桩通过 AI 技术，实现了对充电过程的智能调控，提高了充电效率。AI 还可以远程监控电池的状态，提前预警潜在的故障，减少了维护成本。

在电池回收和再利用方面，AI 的图像识别技术能够快速准确地对废旧电池进行分类，提高了回收效率。利用大数据分析技术，AI 还可以预测电池的剩余寿命，为电池的梯次利用提供了科学依据。

在市场预测和决策支持方面，AI 通过分析市场数据，帮助企业预测市场需求，制定合理的生产和销售策略。在投资决策方面，AI 可以评估项目的风险和回报，为企业提供决策支持。

随着 AI 技术的不断发展和应用拓展，动力电池产业将迎来更广阔的发展前景。AI 将继续推动动力电池技术的创新，为电动汽车产业的发展提供强大支持。同时，AI 也将助力企业更好地应对市场变化，实现可持续发展。

 复习题

1. 人工智能如何提高动力电池研发效率？
2. 人工智能在动力电池生产过程中如何实现质量控制？
3. 人工智能如何预测动力电池寿命和性能衰减趋势？
4. 人工智能如何优化动力电池的充电设施布局？
5. 人工智能在动力电池回收中如何实现智能分类？
6. 人工智能如何预测动力电池的充电需求？

第 *12* 章

动力电池未来发展
趋势

伴随全球针对可再生能源以及环保出行的需求愈发增多，动力电池身为新能源汽车的核心构成部分，其发展走向与技术革新引发了广泛关注。在未来，动力电池技术将会在诸多方面取得突破，涵盖新型电池技术的研发、智能化电池管理系统的运用以及新能源汽车政策的推动效用和市场前景的展望情况等。

12.1 下一代动力电池技术

随着科学技术的不断进步，下一代动力电池技术将不断涌现，为新能源汽车的续航里程、安全性和充电速度带来革命性的提升。

12.1.1 固态电池

固态电池是下一代动力电池的革命性突破。

相较于传统液态电解质电池，固态电池采用固态电解质替代液态电解质，其单体结构如图 12-1 所示。凭借其独特优势，固态电池成为下一代动力电池的关键技术。

尤为突出的是，固态电池的安全性颇高。传统液态电解质电池存在漏液、起火等安全隐患，对人们的生命财产安全构成严重威胁。而固态电池采用固态电解质，从根源上消除了这些隐患。其稳定的化学性质和较高的机械强度，能有效避免电池内部短路和燃爆，极大提升了电池的安全性。固态电解质材料分类及优缺点，如表 12-1 所示。

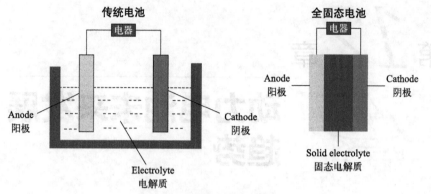

图 12-1　固态电池结构示意图

表 12-1　固态电解质分类及优缺点

固态电解质分类	优势	劣势
聚合物固态电解质 聚醚：PEO，PDOL 聚碳酸酯：PEC，PVAC 聚丙烯酸酯：PAN，PMMA 聚偏氟乙烯：PVDF，PVDF-HFP	柔韧性好 相对易加工 界面阻抗低 低密度，质量轻	离子电导率低 电化学窗口窄 导热性能差 会燃烧
无机陶瓷固态电解质 硫化物类：LGPS 氧化物类：LLZTO LiPON 型电解质 NASICON 类，LAGP 或 LATP	离子电导率高 电化学窗口宽 导热性能优异 几乎不燃烧	易脆 加工温度高 界面阻抗大 密度大，质量重
复合型固态电解质	兼具上述优点	易聚集，分散困难

　　同时，固态电池还具有更高的能量密度和更快的充电速度。以固态电解质取代液态电解质，大幅提高了能量密度，意味着在相同体积下能存储更多能量，为电动汽车、移动设备等提供更长续航。充电速度的加快也提升了使用效率。

　　目前固态电池仍处于研发阶段，还存在固态电解质室温离子电导率不高，或空气稳定性不佳，或固/固界面失效，或制造工艺和设备缺乏等难题。尽管固态电池技术目前仍处于研发阶段，但已有众多企业和研究机构投入大量资金进行研究与开发。随着科研人员的不懈努力和技术日益成熟，预计在未来数年内，固态电池将成功实现商业化应用。届时，凭借其高安全性、高能量密度和快速充电等优势，在电动汽车、移动设备等领域将发挥重要作用，推动能源储存技术的革新与发展。

　　总之，固态电池具有广阔应用前景和巨大市场潜力。其突出的安全性特点，将使之在能源储存领域发挥关键作用。随着技术突破和商业化进程加速，固态电池有望成为未来能源储存技术的重要代表，为人类可持续发展作出重大贡献。

12.1.2　锂硫电池

锂硫电池是以硫元素作为电池正极，金属锂作为负极的一种锂电池，其基本结构如图 12-2 所示。单质硫在地球中储量丰富，具有价格低廉、环境友好等特点。利用硫作为正极材料的锂硫电池，其材料理论比容量和电池理论比能量较高，分别达到 $1675mA \cdot h/g$ 和 $2600W \cdot h/kg$，远远高于商业上广泛应用的锂离子电池的容量。相较于传统的锂离子电池，锂硫电池具备更高的理论能量密度，有望在未来达成能量密度的突破，达到现有锂离子电池的两倍甚至更高。此特性使锂硫电池于电动汽车、可穿戴设备、航空航天等领域拥有广阔的应用前景。

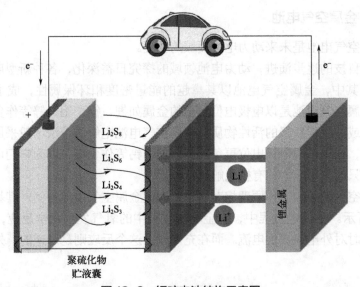

图 12-2　锂硫电池结构示意图

然而，锂硫电池于实际应用中却仍面临诸多挑战。首先，硫作为一种绝缘材料，其导电性能欠佳，对电池的充放电性能造成影响。其次，锂硫电池于充放电过程中会产生多硫化物，这些多硫化物易在电池内部穿梭，致使电池容量衰减与寿命降低。此外，锂硫电池还存在自放电严重、体积膨胀等问题，限制了其商业化应用的进程。

为了攻克这些挑战，研究者们正不断尝试新的材料与结构，以改良锂硫电池的性能。例如，一些研究者通过引入导电性良好的碳纳米管、石墨烯等材料，提升硫的导电性，从而改善电池的充放电性能。同时，亦有研究者通过优化电池结构，如采用多层结构与隔膜修饰等方法，抑制多硫化物的穿梭效应，提高电池的循环稳定性与寿命。此外，伴随科技的不断进步，研究者们还在探索新的合成方法与技术，以期进一步提升锂硫电池的性能。例如，通过纳米技术、纳米结构设计等手段，能够调控硫的微观结构与化学性质，从而提高其电化学性能。同时，亦有研究者正在研究新型的电解质材料与添加剂，以提高电池的离子传导性能与稳定性。

总之，锂硫电池作为一种具有广阔应用前景的新型电池技术，其高能量密度与低成本优势使其备受关注。尽管于实际应用中仍面临诸多挑战，但随着研究者们的深入研究与技术的不断进步，相信锂硫电池将在未来实现商业化应用，并为我们的生活带来更多便利与可能性。我们期待着这一天的到来，同时也期待着锂硫电池为能源存储领域带来的新变革与发展机遇。

12.1.3 金属空气电池

金属空气电池是未来动力电池领域的新星。

随着科技的逐步演进，动力电池领域的探究日益深化，各种新型电池技术接连显现。其中，金属空气电池以其卓越的能量密度和环保属性，成了研究焦点之一。金属空气电池是以电极电位较负的金属如锂、镁、铝、锌等作负极，以空气中的氧或纯氧作正极的活性物质。金属空气电池电解质溶液一般采用碱性电解质水溶液，如果采用电极电位更负的锂、钠、钙等作负极，因为它们可以和水反应，所以只能采用非水的有机电解质。

金属空气电池的工作原理相对简单，以锂金属空气电池为例，其基本结构如图 12-3 所示。在放电过程中，锂金属与空气中的氧气发生化学反应，产生锂氧化物，同时对外电路提供电流。而在充电时，这个反应则是可逆的，外部电能将

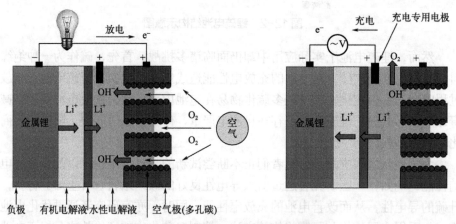

图 12-3　锂金属空气电池结构示意图

过氧化锂分解成锂金属和氧气,恢复电池的原始状态。这种反应方式不仅高效,而且不产生有害物质,对环境友好。

然而,金属空气电池在实际运用中也面临着诸多严峻挑战。首要问题在于电极材料的稳定性,因金属与氧气的反应颇为剧烈,如何在保障反应效率的前提下,确保电极材料的稳定性和使用寿命,是其商业化进程中的一大阻碍。此外,电池的寿命短暂,难以满足长期使用的需求,这也是亟待解决的难题。

为应对这些挑战,研究者们不断摸索新的解决路径。一方面,致力于改进电极材料的制备工艺和结构设计,以提升材料的稳定性和反应效率;另一方面,借助先进的电化学技术和材料科学手段,深入剖析金属与氧气的反应机理,为金属空气电池的优化提供坚实的理论支撑。

总之,伴随材料科学和电化学技术的持续进步,金属空气电池有望在新能源汽车领域发挥关键作用。作为一种高效、环保的动力电池技术,它能够契合新能源汽车对高能量密度和长寿命的需求。与此同时,随着技术的日益成熟和成本的逐步降低,金属空气电池有望在更广泛的领域获得应用,如可穿戴设备、无人机等。

12.1.4 钠离子电池

钠离子电池是未来动力电池领域的后备军。

钠离子电池的研究起步于 20 世纪 80 年代,与锂离子电池几乎同时起步。钠离子电池的工作原理与锂离子电池相似,如图 12-4 所示。充电时,Na^+ 从正极材料中脱出,经过电解液嵌入负极材料,同时电子通过外电路转移到负极,保持电荷平衡;放电时则相反。相比于锂元素,钠元素的优势在于资源丰富,钠资源约

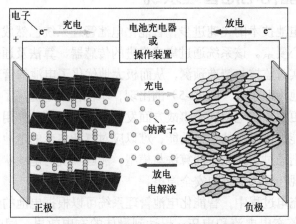

图 12-4 钠离子电池结构示意图

占地壳元素储量的 2.64%，因此相比于锂离子电池，钠离子电池在成本上将更加具有优势。虽然钠离子电池能量密度不及锂离子电池，但是对于能量密度要求不高的领域，如电网储能、调峰，风力发电储能等方面应用前景广阔。未来钠离子电池将逐步取代铅酸电池，在各类低速电动车中获得广泛应用，与锂离子电池形成互补。

尽管钠离子电池在能量密度、循环寿命和制造工艺等方面仍需提升，但随着技术的不断进步，这些问题有望获得解决。目前，研究者们正在通过改良电池结构、优化电解质和正负极材料等途径，提升钠离子电池的能量密度和循环寿命。同时，伴随着对钠离子电池的深入探究，人们对其性能和应用领域也有了更为清晰的认知。

钠离子电池的潜在应用领域广泛，涵盖电动汽车、储能系统、可穿戴设备等。在低速电动汽车领域，钠离子电池的低成本和高安全性使其成为一种具备竞争力的动力电池选项。在储能系统领域，钠离子电池可应用于太阳能和风能等可再生能源的存储和调节，提升电力系统的稳定性和可靠性。此外，在可穿戴设备领域，钠离子电池的轻量化和柔性化特性使其成为一种理想的电源解决方案。

综上所述，钠离子电池作为一种创新型二次电池，因其资源储备丰富、成本相对较低以及高安全性等特性，有望在动力电池领域中崭露头角，成为未来市场的后备军。随着技术的持续突破和应用领域的不断拓宽，钠离子电池将在可再生能源、电动汽车等关键领域发挥至关重要的作用，助力全球实现可持续能源转型和绿色发展的长远目标。

12.2 智能化电池管理系统

伴随动力电池技术的飞速进步，智能化电池管理系统已然成为提升电池性能与安全性的核心要素。该系统通过集成先进的传感器、算法及通信技术，实现了对电池状态的实时监控与精准预测，从而极大地优化了电池的管理与控制。

智能化电池管理系统（图 12-5）的出现，不但极大地提高了电池的续航里程与循环寿命，更在预防电池安全事故方面发挥了极为关键的作用。传统的电池管理系统通常仅能提供基础的监控功能，难以应对复杂多变的电池状态。而智能化电池管理系统则通过引入先进的算法与模型，能够实现对电池状态的深入分析与预测，及时发现并解决潜在的安全隐患。

例如，在充电过程中，智能化电池管理系统可以根据电池的剩余电量和充电速度，自动调整充电电流和电压，以达到最佳的充电效果。同时，系统还可以

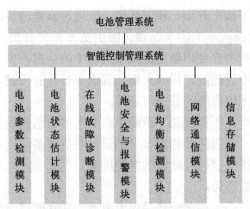

图 12-5　智能化电池管理系统

根据车辆的行驶工况和用户的驾驶习惯，优化电池的能量分配，提高能源利用效率。此外，当电池温度过高时，系统会自动采取降温措施，保证电池的工作温度在安全范围内。

随着人工智能与大数据技术的日益融合，智能化电池管理系统的功能与性能将得到进一步提升。借助人工智能技术的强大计算和学习能力，系统可以更为精准地分析电池状态，预测电池性能变化，从而为用户提供更具个性化的电池管理方案。同时，大数据技术能够帮助系统收集、整合和分析海量的电池使用数据，为电池性能优化和安全管理提供有力的数据支持。

在未来，智能化电池管理系统还将面临更多的挑战与机遇。随着电池技术的不断创新和进步，系统需要不断适应新的电池类型和性能要求。同时，随着电动汽车市场的不断扩大和用户需求的日益多样化，系统也需要提供更加个性化和智能化的服务。因此，我们需要继续加大对智能化电池管理系统的研发和应用力度，推动其在提升电池性能和安全性方面发挥更大的作用。

总之，智能化电池管理系统是动力电池技术发展的重要支撑和保障。通过不断引入新技术、优化系统功能，我们将能够为用户提供更加安全、高效、便捷的电池管理服务，推动电动汽车产业的持续发展和进步。

12.3　新能源汽车政策与市场展望

在全球气候变迁与环境问题渐趋严峻的大背景之下，新能源汽车作为一种绿色、环保的出行模式，正获取着全球各国政府的广泛注目及大力扶持。作为推进新能源汽车推广及发展的关键手段，各国政府纷纷颁布了一系列政策，以激励消费者购置和使用新能源汽车。

这些政策包含了购车补助、税收优惠、充电设施建造等诸多方面。购车补贴能够直接降低新能源汽车的购车花费，吸引更多消费者选择新能源汽车。税收优惠则可以减轻消费者在使用新能源汽车过程中的负担，提升新能源汽车的竞争力。与此同时，充电设施的建设亦是新能源汽车普及的关键要点，各国政府正积极增加投入，促进充电设施的普及与完善。

这些政策的施行，不但推动了新能源汽车市场的迅速发展，也带动了相关产业链的发展与创新。我国新能源汽车产销量已经持续多年位居世界第一，伴随新能源汽车技术的持续突破以及政策的持续推动，预计在未来几年内新能源汽车市场将保持快速增长的态势。

新能源汽车的核心组件之一乃是动力电池，其发展趋向与技术创新对于推动新能源汽车产业的发展具备重要意义。目前，动力电池技术正在不断突破，续航里程与性能也在持续提升。同时，随着下一代动力电池技术的不断涌现，智能化电池管理系统的应用也将进一步提升新能源汽车的性能与安全性。

未来，随着新能源汽车政策的推动以及市场前景的展望，动力电池技术将迎来更为广阔的发展空间与挑战。我们期望在未来的时光中，动力电池技术能够为全球绿色出行和可持续发展做出更大的贡献，推动新能源汽车产业不断向前迈进。

总之，新能源汽车作为绿色出行的重要选项，其普及与发展不仅有助于减少环境污染和缓解交通压力，也契合未来可持续发展的趋向。随着技术的不断突破与政策的持续推动，新能源汽车产业将迎来更为美好的明天。

 总结

动力电池乃新能源汽车之核心构件，于未来，会在新型电池技术研发、智能化电池管理系统应用，以及新能源汽车政策推动与市场前景展望等方面达成突破。新型电池技术，诸如固态电池、锂硫电池与金属空气电池等，具有高能量密度、快速充电速度及安全性等长处，会推动能源储存技术的革新与发展。钠离子电池的发展将带来新机遇与挑战，需对环境影响及资源可持续利用问题予以关注。智能化电池管理系统借由集成传感器、算法与通信技术，达成对电池状态实时监控与精准预测，提升电池性能与安全性。未来，智能化电池管理系统将面临更多挑战与机遇，需加大研发与应用的力度。新能源汽车政策的施行，促进了市场快速发展，预计未来几年内新能源汽车市场将保持快速增长趋势。动力电池技术发展趋向与技术创新对于推动新能源汽车产业发展，具有重要意义。

复习题

1. 新型电池技术有哪些优势？
2. 固态电池的发展面临哪些挑战？
3. 锂硫电池有哪些优势？面临哪些挑战？
4. 智能化电池管理系统如何提高电池性能和安全性？
5. 智能化电池管理系统的核心要素是什么？

附录

术语解释

1. 动力电池：为新能源汽车（如电动汽车、混合动力汽车等）提供动力的电池，具有高能量密度和长寿命的特性，是新能源汽车的重要组成部分。

2. 电池管理系统（BMS）：一种用于监控、控制和管理动力电池系统的软硬件系统。BMS 负责监测电池状态，包括电量、温度、电压等，以确保电池的安全和高效运行。

3. 快充技术：一种能够在较短时间内为电池充电至一定容量的技术。快充技术通常通过提高充电电流或电压来实现，以便在短时间内恢复电池的大部分能量。

4. 能量密度：表示单位体积或质量内电池所储存的能量。它是衡量电池性能的重要指标之一，高能量密度的电池意味着在相同体积或质量下能储存更多的能量。

5. 续航里程：电动汽车在一次充电后能够行驶的最大距离。续航里程受电池容量、能量密度、车辆重量、行驶速度等因素影响。

6. 锂离子电池：使用锂离子作为电荷载体，通过锂离子在正极和负极之间来回嵌入/脱出实现能量存储与释放的二次电池。

7. 固态电池：使用固态电解质代替液态电解质的电池。固态电池具有更高的能量密度和安全性，因为固态电解质不易泄漏、不易燃爆，且能够支持更高的电压和电流。

8. 热管理技术：控制电池在工作过程中产生的热量，防止电池热失控，保证电池的安全和性能。

9. 电池内阻：电池通过电池内部时所遇到的阻力。

10. 荷电状态（SOC）：电池当前电量与额定容量的比值，表示电池的剩余电量。

11. 电池均衡：调整电池组中各个单体电池的电压和状态，使它们保持一致，提高电池组的整体性能。

12. 电池循环寿命：电池在经历一定次数的充放电循环后，仍能保持其原有性能的能力。

13. 过充保护：防止电池因过度充电而引发的安全问题，通常通过 BMS 来实现。

14. 过放保护：防止电池因过度放电而导致性能衰减或损坏，同样通过 BMS 实现。

15. 电池热失控：电池在工作过程中产生的热量无法有效散发，导致温度持续升高，最终可能引发火灾或爆炸。

16. 电解液：电池中传导离子的液体介质，通常由有机溶剂、锂盐组成。

17. 隔膜：位于电池正负极之间的隔离材料，防止电池内部短路。

18. 正极材料：电池中正极所使用的活性物质，决定了电池的能量密度和其他性能。

19. 负极材料：电池中负极所使用的活性物质，与正极材料一起决定电池的性能。

20. 集流体：电池中用于收集和传输电流的金属材料，如铜片或镍片。

21. 电池包：将多个单体电池组合在一起，形成一个整体的包装结构，用于提高电池的能量密度和使用安全性。

22. 电池模组：由多个单体电池和相关连接件组成的单元，是构成电池包的基本单位。

23. 电池外壳：保护电池内部结构的外部壳体，通常由金属或塑料制成。

24. 电池连接片：用于连接单体电池的正负极，实现电流的传输。

25. 电池充电器：用于给电池充电的设备，可以根据电池的特性和需求提供合适的充电电流和电压。

26. 电池放电器：用于将电池中的电能释放出来的设备，通常用于测试电池的放电性能和容量。

27. 电池内短路：电池内部的正负极之间出现不正常的直接接触，导致电池性能下降或损坏。

28. 电池外部短路：电池的正负极与外部导体直接接触，导致电池内部电流过大，可能引发火灾或爆炸。

29. 电池维护：定期对电池进行检查、保养和更换等操作，以确保电池的正常使用和延长其使用寿命。

30. 电池回收：对废弃电池进行收集、分类、处理和再利用的过程，以减少对环境的污染和资源浪费。

参考文献

[1] 陈新，潘天堂．新能源汽车技术 [M]. 2 版．南京：南京大学出版社，2022.

[2] 黄勇，刘德友，毛兴燕，等．动力电池及能源管理技术 [M]．重庆：重庆大学出版社，2021.

[3] 王志荣，王青松，程新兵，等．储能与动力电池材料、智能制造及安全技术 [M]．新加坡：维泽科技文化有限公司，2023.

[4] 徐晓明，胡东海．动力电池系统设计 [M]．北京：机械工业出版社，2019.

[5] 徐晓明，胡东海．动力电池热管理技术 [M]．北京：机械工业出版社，2018.

[6] 郭永兴．锂离子动力电池制造关键技术基础及其安全性研究 [D]．长沙：中南大学，2010.

[7] 刘春娜．超级电容器应用展望 [J]．电源技术，2010, 34(09): 979-980.

[8] 曹金亮，张春光，陈修强，等．锂聚合物电池的发展、应用及前景 [J]．电源技术，2014, 38(01): 168-169, 188.

[9] 钟侃，袁瑞铭，邹小波，等．车用动力电池测试与性能评估技术分析 [J]．华北电力技术，2015 (01): 65-70.

[10] 陈云贵，周万海，朱丁．先进镍氢电池及其关键电极材料 [J]．金属功能材料，2017, 24(01): 1-24.

[11] 许敬月，景春明，潘强，等．锂离子动力电池关键材料发展现状及趋势 [J]．电池工业，2017, 21(03): 24-28.

[12] 刘波，张鹏，赵金保．锂离子动力电池及其关键材料的发展趋势 [J]．中国科学：化学，2018, 48(01): 18-30.

[13] 于海芳，陈文帅．锂离子动力电池寿命预测技术综述 [J]．电源技术，2018, 42(02): 304-307.

[14] 蔡勇峰，李显君，孟东晖．基础研究对技术创新的作用机理——来自动力电池的实证 [J]．科研管理，2019, 40(06): 65-76.

[15] 罗康，刘琦，曹梦瑜．新能源汽车的动力电池基础知识介绍：第十六届河南省汽车工程科技学术研讨会 [C]. 2019.

[16] 徐航宇．金属锂聚合物电池关键材料研究 [D]．北京：中国科学院物理研究所，2019.

[17] 缪平，姚祯，John L, 等．电池储能技术研究进展及展望 [J]．储能科学与技术，2020, 9(03): 670-678.

[18] 张晓虎，孙现众，张熊，等．锂离子电容器在新能源领域应用展望 [J]．电工电能新技术，2020, 39(11): 48-58.

[19] 高靖宇，王功瑞，李杰，等．多价离子电池的研究现状与展望 [J]．硅酸盐学报，2021, 49(07): 1278-1295.

[20] 刘艳，胡香玉．浅谈锂离子动力电池隔膜材料的发展现状和趋势 [J]．江西化工，2021, 37(03): 43-46.

[21] 牟晓莎，刘玉文，张文超，等．新型能源技术在轨道车辆上的运用研究 [J]．智慧轨道交通，2021, 58(05): 29-35.

[22] 彭海宁，程舒玲，杨彤，等．铅碳电池关键材料研究进展 [J]．化学研究，2021, 32(03): 255-266.

[23] 张永锋，俞越，张宾，等．铅酸电池现状及发展 [J]．蓄电池，2021, 58(01): 27-31.

[24] 贾子润，王震坡，王秋诗，等．新能源汽车动力电池热失控机理和安全风险管控方法的研究 [J]．汽车工程，2022, 44(11): 1689-1705.

[25] 刘岩，尹艳萍，黄倩，等．我国新能源汽车动力电池安全现状分析与探讨 [J]．电池工业，2022, 26(06): 309-312, 320.

[26] 梅楠轩，郝经伟，王勇．中国动力电池及关键材料发展情况概述 [J]．世界有色金属，2022(22): 5-8.

[27] 山彤欣，王震坡，洪吉超，等．新能源汽车动力电池"机械滥用 - 热失控"及其安全防控技术综述 [J]．机械工程学报，2022, 58(14): 252-275.

[28] 石文明，刘意华，吕湘连，等．超级电容器材料及应用研究进展 [J]．微纳电子技术，2022, 59(11): 1105-1118.

[29] 王芳，王峥，林春景，等．新能源汽车动力电池安全失效潜在原因分析 [J]．储能科学与技术，2022, 11(5): 1411.

[30] 赵宇龙，孙旭东．固态电池关键制造工艺综述 [J]．汽车工艺师，2022(07): 25-32.

[31] 陈碧雯．新能源汽车动力电池应用现状及发展探讨 [J]．时代汽车，2023(21): 95-97.

[32] 陈小长．新能源汽车动力电池回收现状及策略研究 [J]．时代汽车，2023(21): 101-103.

[33] 高德宝，柯裕伟，莫圣海．新能源汽车动力电池综合测试技术研究 [J]．汽车测试报告，2023(08): 43-45.

[34] 何天贤，刘文杰，雷源春．固态电池在电动汽车中的应用 [J]．汽车电器，2023(10): 17-21.

[35] 洪吉超，梁峰伟，杨京松，等．新能源汽车产业及其技术发展现状与展望 [J]．科技导报，

2023, 41(05): 49-59.

[36] 李貌. 新能源汽车动力电池安全管理技术发展趋势 [J]. 汽车测试报告, 2023(22): 64-66.

[37] 李哲阳, 刘婷玉. 新能源汽车动力电池冷却技术研究 [J]. 科技与创新, 2023(22): 34-36.

[38] 李政贤, 耿志勇, 李一凡, 等. 质子交换膜燃料电池关键材料发展现状综述 [J]. 商用汽车, 2023(04): 93-95.

[39] 李志强, 王侃, 王会杰. 我国氢燃料电池汽车的现状及发展策略 [J]. 汽车实用技术, 2023, 48(02): 200-204.

[40] 吕龙. 新能源汽车动力电池的回收与再利用技术研究 [J]. 专用汽车, 2023(11): 62-65.

[41] 王禹甸. 新能源汽车动力电池安全管理技术的挑战与发展趋势 [J]. 汽车与新动力, 2023, 6(05): 61-64.

[42] 吴长青. 新能源汽车动力电池安全问题分析及解决策略 [J]. 时代汽车, 2023(10): 100-102.

[43] 武珊, 雷志豪. 新能源汽车锂离子动力电池系统应用技术 [J]. 专用汽车, 2023(09): 22-24.

[44] 夏宇锋. 新能源汽车动力电池相变材料与热管耦合热管理技术研究 [J]. 汽车测试报告, 2023(16): 62-64.

[45] 杨世春, 卢宇, 周思达, 等. 车用动力电池标准体系研究与分析 [J]. 机械工程学报, 2023, 59(22): 3-19.

[46] 张春英, 马亚辉, 易正根, 等. 固态电池技术发展现状综述 [J]. 现代车用动力, 2023(04): 1-5, 10.

[47] 张计军, 葛家琪, 潘汉平, 等. 新能源汽车动力电池散热技术综述 [J]. 时代汽车, 2023(24): 122-124.

[48] 陈益庆, 查文珂, 张希, 等. 新能源汽车动力电池回收利用的现状及建议 [J]. 电池, 2024, 54(01): 94-97.

[49] 陈元博. 中国新能源汽车的发展现状与对策研究 [J]. 科技与创新, 2024(05): 126-128.

[50] 程晓琪. 动力电池的发展与挑战——从液态电池到全固态电池 [J]. 汽车与新动力, 2024, 7(03): 5-7.

[51] 戴国洪, 张道涵, 彭思敏, 等. 人工智能在动力电池健康状态预估中的研究综述 [J]. 机械工程学报, 2024, 60(04): 391-408.

[52] 范子琛, 钟尚江. 新能源汽车动力电池技术应用研究——以锂离子电池为例 [J]. 汽车测试报告, 2024(02): 49-51.

[53] 李泓, 陈立泉. 固态电池关键材料体系发展研究 [J]. 中国工程科学, 2024, 26(03): 19-33.

[54] 李晓华. 我国新能源汽车的发展现状与前景趋势 [J]. 人民论坛, 2024(09): 76-79.

[55] 李钰. 新能源汽车动力电池应用现状及发展趋势探析 [J]. 内燃机与配件, 2024(12): 132-134.

[56] 李致远，鲁锐华，余庆华，等 . 动力电池热失控特征及防控技术研究分析 [J]. 汽车工程，2024, 46(01): 139-150.

[57] 罗泽飞，覃元庆 . 新能源汽车电池智能制造工艺的创新与优化研究 [J]. 储能科学与技术，2024, 13(05): 1751-1753.

[58] 邱伟 . 新能源汽车动力电池结构及成组技术综述 [J]. 时代汽车，2024(05): 107-111.

[59] 宋春雷，严莹莹，刘浩 . 车用新能源动力电池系统 PACK 开发设计 [J]. 汽车实用技术，2024, 49(03): 1-6.

[60] 王娟，洪旸，刘菁昊 . 新能源汽车动力电池应用现状及发展探析 [J]. 时代汽车，2024(03): 77-79.

[61] 王思瑜 . 新能源汽车发展现状研究综述 [J]. 内燃机与配件，2024(05): 135-137.

[62] 韦增欣，黄海东，袁功林 . 新能源汽车电池发展潜力与未来趋势探索 [J]. 时代汽车，2024(07): 73-75.

[63] 许世琳，李雅琪 . 固态电池的发展现状、挑战与对策建议 [J]. 智能网联汽车，2024(03): 51-53.

[64] 薛海波，程晓燕，徐洋 . 我国固态电池产业化发展的问题与进路 [J]. 西南石油大学学报 (社会科学版), 2024, 26(02): 1-7.

[65] Harper G, Sommerville R, Kendrick E, et al. Recycling lithium-ion batteries from electric vehicles [J]. Nature, 2019, 575(7781): 75-86.

[66] Kang B, Ceder G. Battery materials for ultrafast charging and discharging [J]. Nature, 2009, 458(7235): 190-193.

[67] Fan X, Hu E, Ji X, et al. High energy-density and reversibility of iron fluoride cathode enabled via an intercalation-extrusion reaction [J]. Nature Communications, 2018, 9(1): 2324.

[68] Shimada H, Yamaguchi T, Kishimoto H, et al. Nanocomposite electrodes for high current density over $3\,A\,cm^2$ in solid oxide electrolysis cells [J]. Nature Communications, 2019, 10(1): 5432.

[69] Cui Y. Silicon anodes [J]. Nature Energy, 2021, 6(10): 995-996.

[70] Hu E, Yu X, Lin R, et al. Evolution of redox couples in Li- and Mn-rich cathode materials and mitigation of voltage fade by reducing oxygen release [J]. Nature Energy, 2018, 3(8): 690-698.

[71] Janek J, Zeier W G. Challenges in speeding up solid-state battery development [J]. Nature Energy, 2023, 8(3): 230-240.

[72] McBrayer J D, Rodrigues M T F, Schulze M C, et al. Calendar aging of silicon-containing batteries [J]. Nature Energy, 2021, 6(9): 866-872.

[73] Niu C, Lee H, Chen S, et al. High-energy lithium metal pouch cells with limited anode swelling

and long stable cycles [J]. Nature Energy, 2019, 4(7): 551-559.

[74] Pomerantseva E, Gogotsi Y. Two-dimensional heterostructures for energy storage [J]. Nature Energy, 2017, 2(7): 17089.

[75] Wang J, Cui Y. Electrolytes for microsized silicon [J]. Nature Energy, 2020, 5(5): 361-362.

[76] Famprikis T, Canepa P, Dawson J A, et al. Fundamentals of inorganic solid-state electrolytes for batteries [J]. Nature Materials, 2019, 18(12): 1278-1291.

[77] Xiao Y, Wang Y, Bo S H, et al. Understanding interface stability in solid-state batteries [J]. Nature Reviews Materials, 2020, 5(2): 105-126.

[78] Dutta A, Mitra S, Basak M, et al. A comprehensive review on batteries and supercapacitors: Development and challenges since their inception [J]. Energy Storage, 2023, 5(1): e339.

[79] Chu Y, Zhang J, Zhang Y, et al. Reconfiguring hard carbons with emerging sodium‐ion batteries: A perspective [J]. Advanced Materials, 2023, 35(31): 2212186.

[80] Zhang Y S, Courtier N E, Zhang Z, et al. A review of lithium-ion battery electrode drying: Mechanisms and metrology [J]. Advanced Energy Materials, 2022, 12(2): 2102233.

[81] Sun L, Liu Y, Wu J, et al. A review on recent advances for boosting initial coulombic efficiency of silicon anodic lithium ion batteries [J]. Small, 2022, 18(5): e2102894.

[82] Qiu Y, Jiang F. A review on passive and active strategies of enhancing the safety of lithium-ion batteries [J]. International Journal of Heat and Mass Transfer, 2022, 184: 122288.

[83] Deng L, Zheng Y, Zheng X, et al. Design criteria for silicon-based anode binders in half and full cells [J]. Advanced Energy Materials, 2022, 12(31): 2200850.

[84] Zhao Y, Zhang L, Liu J, et al. Atomic/molecular layer deposition for energy storage and conversion [J]. Chemical Society Reviews, 2021, 50(6): 3889-3956.

[85] Yu X, Manthiram A. A review of composite polymer-ceramic electrolytes for lithium batteries [J]. Energy Storage Materials, 2021, 34: 282-300.

[86] Weiss M, Ruess R, Kasnatscheew J, et al. Fast charging of lithium-ion batteries: A review of materials aspects [J]. Advanced Energy Materials, 2021, 11(33): 2101126.

[87] Matsuo M, Orimo S I. Lithium fast-ionic conduction in complex hydrides: Review and prospects [J]. Advanced Energy Materials, 2011, 1(2): 161-172.

[88] Chayambuka K, Mulder G, Danilov D L, et al. Sodium-ion battery materials and electrochemical properties reviewed [J]. Advanced Energy Materials, 2018, 8(16): 1800079.

[89] Aneke M, Wang M. Energy storage technologies and real life applications—A state of the art review [J]. Applied Energy, 2016, 179: 350-377.

[90] Shi Q, Zhou J, Ullah S, et al. A review of recent developments in Si/C composite materials for Li-ion batteries [J]. Energy Storage Materials, 2021, 34: 735-754.

[91] Lim H D, Park J H, Shin H J, et al. A review of challenges and issues concerning interfaces for all-solid-state batteries [J]. Energy Storage Materials, 2020, 25: 224-250.

[92] Feng Z Y, Peng W J., Wang Z X, et al. Review of silicon-based alloys for lithium-ion battery anodes [J]. International Journal of Minerals, Matallurgy and Materials, 2021, 28(10): 1549-1564.

[93] Selinis P, Farmakis F. Review—A review on the anode and cathode materials for lithium-ion batteries with improved subzero temperature performance [J]. Journal of the Electrochemical Society, 2022, 169(1): 010526.

[94] Meintz A, Zhang J, Vijayagopal R, et al. Enabling fast charging—Vehicle considerations [J]. Journal of Power Sources, 2017, 367: 216-227.

[95] Zheng F, Kotobuki M, Song S, et al. Review on solid electrolytes for all-solid-state lithium-ion batteries [J]. Journal of Power Sources, 2018, 389: 198-213.

[96] Wang Z, Liu J, Wang M, et al. Toward safer solid-state lithium metal batteries: A review [J]. Nanoscale Advances, 2020, 2(5): 1828-1836.